「自由」が「民主」を喰う

迷走するグローバリゼーションの深層

平松 武
Hiramatsu Takeshi

"FREEDOM" eats
"DEMOCRACY"
Deep in the Straying Globalization

「自由」が「民主」を喰う

迷走するグローバリゼーションの深層

はじめに

筆者が小学生の時、まだ今よりもう少し純粋だったころ、近所の図書館の日当たりのよいベンチで、ある小説を読んだことを覚えている。タイトルは忘れてしまったが、ポーランドのSF作家スタニスワフ・レムの短編だったと思う。それは、こんな内容だった。

医療技術が発達した未来で、主人公の自動車レーサー（だったと思う）が、繰り返しひどい事故に遭うが、そのたびに損傷した自分の身体の一部を人工のものに替えて生きながらえる。はじめは義肢から始まり、人工臓器やさらには脳まで人工のものに替えていく。事故のたびに身体の一部を替えていくのだが、あまりに事故が多いため、最終的には身体のほぼすべてが人工のものになってしまう。その費用が高額であったために、治療費のほとんどを滞納していた主人公は、医療機器メーカーから訴えられる。代金が支払えないのであれば、もはや機械になった身体全体を差し押さえ、会社の所有物にすると。裁判所は、審理不能として無期休廷を宣言する。

筆者がこれを読んで思ったのは、一体この主人公はいまだ人間なのか、そうではないのか、人間でないとすれば、いつから人間ではなくなったのだろうか、ということである。それぞれの事故の後の手術では、主人に仕える身体の一部として機械が埋め込まれていくわけである。その機械がどんどん増えていくうちに、いつの間にかその主人である人間がいるのかいないのかわからなくなってしまったのである。

このようなことは現実世界でも時々起きているような気がする。それぞれの時点での判断として、至極常識的で的確な対応がとられていても、それが積み重なっていくと、いつのまにか変な話になっていたり、想定していなかった事態になっていることがある。

この世の中を動かしているリーダーたちは、政治家であれ、官僚であれ、企業の幹部であれ、それぞれの時点で次の一歩を踏み出す際、その時点での「状況」を踏まえて判断する。解決すべき課題を特定し、ありうる解決方法を並べ、メリット、デメリットを比較し、その状況の中でもっとも常識的で世の中が納得する方向への一歩を決める。そこでは、理念とか将来の目標よりも、そこに存在する危機への対応が第一である。その一歩一歩は正しく、適切な場合がほとんどである。しかし、その積み重ねの末に、本当に私たちは望ましい場所に近づいてきているのだろうか。私たちは今どこに立っているのか。

筆者は、長年、外務省及び内閣官房において政策の企画立案に関与してきたが、常にこのような思いを胸に抱いてきた。そして今、現在の世界各地が遭遇している特異な状況を見るに、まさにこのような気持ちで世の中を見直してみることが必要なのではないかと思うのだ。

2019年9月の国連総会一般討論演説にて、ドナルド・トランプ米国大統領は次のとおり述べた。

「自由を欲するならば、自国を誇りに思わなくてはならない。民主主義を欲するならば、主権を手放してはならない。平和を欲するならば、自国を愛しなさい。賢明な指導者は、常に自国民と自分の国を第一にする。未来はグローバリストのものではない。未来は愛国者のものだ。」

20年1月、英国がEUを離脱するにあたり、ボリス・ジョンソン英国首相はそのビデオ・メッセージにおいて次のとおり述べた。

「夜が明け、私たちの偉大な国民的ドラマの幕が上がる瞬間だ。それは、人々が支持した変革を実現するために、取り返した主権という新たな力を行使することでもある。……私たちは自治の手段を取り戻した。今こそ、この素晴らしい国のすべての可能性を解き放ち、私たち連合王国のあらゆる場所のあらゆる人々の生活をより良くするために、それらの手段を使う時だ。」

16年に、英国民がEUからの離脱を決意し、米国民がトランプ大統領を選んだ時、世界中の人は絶句するばかりで、その意味を理解できなかった。今、その双方の舞台で主役を演じてきた二人の首脳が言う。「主権を手放してはならない」「取り返した主権を行使する」と。

数百年の長きにわたり、国家主権はこの世界における秩序の基本単位であり続けてきた。それが、今や「手放してはならない」とか「取り返す」とか、そういう話になっているのだ。一体これはどういうことなのか。

国と国の間の関係からなる社会、すなわち「国際社会」がヨーロッパで誕生して以降、それは様々な政治体制、伝統、文化、考え方を有する国々を包摂しながら全世界に広がっていった。その過程で重視されたのは互いの多様な価値観を尊重し、自律性を保つことであった。だからこそ「国際社会」は世界全体へと広がることができたのである。しかしその後、その主権国家が併存する構造を維持しつつも、個人の自由と尊厳を尊重すること、民主的に社会を運営することの価値を共有していった。「自由」「民主」という共通の価値観を育み、自由な経済活動を通じて世界の人々はつながり、人間社会は豊かになっていったのだ。

冷戦の終結により、「自由」と「民主」を掲げるリベラル民主主義の価値が広く認知されると、経済的動機に導かれた「自由」はますます強化され、国境を貫いていった。一方で、国家主権は維持され、その意思決定理念である「民主」は、国境の中にとどまっている。グローバルに展開する企業は、もはやどの国の企業なのかもわからなくなった。ＩＴによる商取引のプラットフォームを設定するＧＡＦＡのような存在が、新たな経済秩序を創設している。移民、難民の自由な移動は各国の民意を戸惑わせた。地球温暖化や感染症の蔓延といった人類共通の敵は、主権国家に細分化された世界の弱点を露わにしている。そして何よりも、自由な経済活動の拡大は、国と国の間に、そして国の中に、「勝ち組」と「負け組」を作り出し、平等な社会を分断に追い込んでいる。

この世の中は様々な要素が影響し合って展開していくため、ひとつの切り口ですべてを整理できるわけではない。しかし、現在の世界で起きている特異な状況の多くは、主権国家の併存という世界の現実の中で、「自由」の拡大を「民主」がしっかりとコントロールできていないことがその大きな要因となっているのではないだろうか。グローバルな「自由」とナショナルな「民主」。そのギャップに世界は悩まされるようになったのだ。

「自由」と「民主」は何が違うのか。この二つは同じものを違う角度から表現しただけのものではないのか。そう思われるかもしれない。確かに、この二つは密接に関係しており、重要な相互補完の関係にある。しかし、「自由」は守るべき価値そのものであり、「民主」はどちらかと言えばその手段である。人の自由を尊重するためには、社会のルールはその人たちの意思によって決められねばならないということである。一方で、「民主」が社会のルールをつくるということは、そのルールによってある程度人の「自由」を縛るということになる。したがって、両者は相互補完の関係にありながら、時として緊張関係にもあるのだ。

一国の中であれば、法の支配や三権分立といった枠組みによって、この「自由」と「民主」のバランスを保つことができる。しかし、グローバル化によって人の活動の範囲が国境を越えていくと、あくまで各主権国家の中に収められている「民主」的統治機構は、グローバルに拡大する「自由」との関係を適切に保つことが難しくなる。もちろん、主権国家自身も主体的に世界の中で行動することができるが、それは「国際化」であり、「グローバル化」とは微妙なずれが生じる。現在の世界の実情においては、「自由」は「グローバル化」と親和性があり、「民主」は「国際化」と親和性がある。前者が個々人の国境を越えた自律的な活動を支持するのに対し、後者は民意に基づく統治に裏付けられた国家主権を信奉する。

トランプ大統領とジョンソン首相が連呼する「主権」「自治」「愛国」「自国を誇りに」「国民的ドラマ」「自国第一」という言葉は、つまるところ「民主」の復権を謳うものである。

トランプ大統領は、「自由を欲するならば、自国を誇りに思わなくてはならない」と言うが、これは「自由」の前提として「民主」が必要であると言っているのだ。つまり、トランプ大統領の発言は、「自由」を「民主」に引き戻そうとするものなのである。その言葉どおり、トランプ大統領は、これまで自由貿易協定に否定的な姿勢をとるなど、「自由」を制限し、米国民による民主的コントロールの及ぶ範囲に「自由」を押しとどめようとしてきた。

同様のことは、ジョンソン首相が強力に推し進めた英国のEU離脱についても言える。戦後の欧州統合のプロセスは、石炭、鉄鋼、原子力の共通管理から市場・通貨の統合へと進み、国境を越えた経済活動が自由化されていった。さらには政治、外交、安全保障、司法にまでその統合の対象を広げていった。その過程で、統合の進展と常に微妙な距離感を保ってきた英国は、幾重にも国家主権の皮を剥がされていくことに限界を感じ、自らの民意による自己決定権を回復することを選んだのである。

トランプ大統領やジョンソン首相について、理解不能で非常識なリーダーと思っている人も多いかもしれない。彼らのすべてを肯定する必要はないが、すべてを否定することもできないだろう。いずれも、厳然たる民主主義国の国民が選んだリーダーなのである。むしろ、いつの間にか、この世の中がこのような特異なリーダーを求めるほどの状態に陥っていたということなのだ。

この世の中において、人の「自由」を尊重し、確保し、実現することが最も重要な価値である。しかしながら、その「自由」はあらゆる人に平等に保障されなければならない。他の人の「自由」を侵す「自由」はない。他の人の「自由」を犠牲にして自らの「自由」を実現することはすべきではない。自由主義経済が国境を越え、グローバルな自由を謳歌することは、人々に平等に「自由」をもたらしているであろうか。マクロとしての経済成長が、ミクロで見たあらゆる人々の幸福につながっているであろうか。すべての人々の自由を守るための民主主義は機能しているであろうか。

「自由」の暴走の前に、「民主」がなすすべを失っている。それはあたかも、自律的に動く機械の部品が増殖し、いつの間にか主人たる人間がいなくなってしまったかのようだ。着実に成長してきた自由主義世界は、これまでの「常識」や「正論」では解決できない未曾有の状況に遭遇している。それが現在の世界がおかれた状況なのではないだろうか。その中で、「民主」の必死の抵抗が始まっているのだ。

2020年、世界は新型コロナウイルス感染症の世界的流行に襲われた。グローバルに広がった「自由」がその猛威の中で翻弄され、改めて国家主権によるコントロールの必要性に我々は気づかされた。これはウイルスとの闘いという「有事」であり、「平時」と区別する必要はあるが、「自由」「民主」という価値とそれらの関係を考え直す重要なタイミングに来ていると言える。

今回の新型コロナウイルスは中国でまず発生が確認され、そこから世界に感染が拡大していった。「自由」や「民主」の価値を重んじない中国では、躊躇なく強権的な封鎖措置がとられ、伝えられている情報を信じるかぎりでは、感染拡大を早期に抑え込むことに成功した。それに対して、欧米のリベラル民主主義の国々では、瞬く間に感染者数・死者数ともに中国を大きく越えていった。このような危機への対応においては、非民主的な人権抑制国家が優れているのではないかという戸惑いさえ感じる人もいる。

確かに、中国はリーマン・ショック後の対応でも、大規模な財政出動を迅速に決定し、その自国への影響を最小限に抑えることに成功した。そして、今回のコロナウイルスへの対応である。リベラル民主主義の価値を必ずしも共有しない中国のような国が、極度の危機的状況を巧みに乗り越え、経済成長や世界各国への影響力の面においても、目覚ましい台頭を見せている。このような状況において、私たちがこれまで本質的な価値として守ってきた「自由」と「民主」のあり方について、改めて考えてみることが、私たち一人ひとりの幸せを守っていくために大切なのではないかと思う。

本書では、この「自由」と「民主」のバランスという視点から、現在世界で起きている様々な事象を俯瞰し、今後私たちが進むべき方向を考えてみたい。まず、主権国家の併存という世界秩序の特異性と、そのことが「自由」「民主」という価値の世界的広がりにもたらす不均衡について考える。その上で、現在の国際社会において、「自由」のアンバランスな拡大が、リベラル民主主義にもたらしている困難について述べ、その状況を打開するために「自由」を制約すべしとする主張が広がっている状況を検討する。そして最後に、「自由」と「民主」という価値そのものは、引き続き信奉すべきなのか、見直すべきなのか、これから私たちが取り組むべき方向を考えてみたいと思う。本書が、本書を手にとっていただいた方々と一緒にこの問題を考えていく機会になれば、この上なくありがたい。

なお、本書の内容は、すべて筆者の個人的見解であり、筆者がこれまでに所属してきた組織の見解ではない。本書の内容に落ち度がある場合は、すべて筆者個人の責任である。

目次

第二章　グローバリゼーションという名で拡大する「自由」

第六章　「自由」と「民主」——どちらも守る

表紙カバーイラスト　平松　武
装幀・本文デザイン　出口　城

第一章

「自由」と「民主」と国際秩序

CHAPTER 1

1　秩序を形作る三つのバランス

不確実な世界

およそ社会というものは、何らかの秩序によって成り立っている。秩序によって社会を構成する主体相互の関係が規定され、それを前提に各々が活動することで危険や不確実性が最小限に抑えられ、社会が機能していく。

もし、生命や身体の安全が確保されなければ、構成主体が自らそれを実現・確保しなければならず、社会で何らかの活動を遂行することはほぼ不可能であろう。もし、他者との合意が守られる保証がないなら、相互の合意にもとづく協力などそもそも実現しえない。もし、自分の保有する財産に一定の安定性が与えられないなら、生活を維持することには常に不安がつきまとう。したがって、何らかの社会が構成されるためには、このような危険や不確実性を抑え、将来に対する予測可能性を高めるための「秩序」が必要なのである。

世界を構成するそれぞれの国の中では、歴史的にさまざまな体制があるとしても、古くから一応の意思決定過程にもとづく秩序が確立されてきた。それに対し、国の範囲を越えたところでは秩序のあり方が明確に定まっておらず、流動的な状況が続いている。

世界が国の範囲を越えて広がっている以上、国の範囲を越えた秩序が必要である。世界には国家相互の関係を示す意味での「国際社会」が存在するが、「社会」に必ず「秩序」が必要であるならば、「国際社会」は「社会」という名に値する「秩序」を備えているのであろうか。

本章では、まず、このような世界における秩序のあり方の特殊性と、その中で「自由」「民主」という価値が占める位置について考えてみたい。

国家主権と勢力均衡

歴史的にみれば、国際社会における「秩序」の原理として、「勢力均衡」が重視された時代が長かった。近代ヨーロッパに国際社会が成立して以降、この勢力均衡によって長い期間にわたり、大きな戦争が回避された歴史がある。

16世紀のフランスの法学者ジャン・ボダンは、宗教改革の流れの中でローマ教会による支配に批判的な空気が強まる中、「主権」概念を提唱した。これは、国の支配者が有する「最高・唯一・不可分な権力」を意味した。１６４８年のウェストファリア条約は、この主権概念を国際社会の秩序概念として取り入れ、主権を有する国家の併存と相互の不可侵を定め、勢力均衡による秩序の基礎を形成した。その後、フランス革命とナポレオン戦争を経たヨーロッパは、１８１４年から１８１５年にかけてのウィーン会議において、各国国内政治の共存という「連帯」と各国間の勢力の「均衡」を基礎とした「ウィーン体制」を確立した。

このウィーン体制によってもたらされた勢力均衡は、クリミア戦争（１８５３年〜56年）や普仏戦争（１８７０年〜71年）の試練を受けるが、それを除けば第一次世界大戦までの、およそ１００年にわたる平和をもたらした。もちろん、この平和とはヨーロッパにおける平和のことである。ヨーロッパ各国は、近隣諸国との勢力均衡と産業革命の成果を武器に、世界に進出し、植民地の人々の犠牲のもとに「平和」を維持したのである。

20世紀に入り、二度にわたる世界大戦を経ると、世界は勢力均衡の原理を脱却して国際連合に求心力を求めた。しかしながら、東西のイデオロギー対立により、想定されていた国連の集団安全保障体制は十分に機能せず、期せずして勢力均衡モデルに立ち帰ることとなった。そしてこの東西間の意図せぬ勢力均衡の構図は、皮肉にもその後半世紀近く大規模な戦争を回避することに貢献したのである。(1)

力の体系

この「勢力均衡（バランス・オブ・パワー）」は、力の体系である。相互の力がバランスすることによって、双方ともに、力で相手を屈服させ支配することができない状況である。そのため、バランスを維持あるいは回復するための小規模な紛争は生じたとしても、根本的に相手を打ち負かすために力を発動することはない。そこには、そもそも相互の信頼、信用関係は存在せず、物理的な力学によって平和が保たれている。ここに存在する秩序は、完全な無秩序を避けるための、極めて消極的な秩序である。

元米国国務長官ヘンリー・キッシンジャーは、次のとおり述べている。

「バランス・オブ・パワーはうまく機能している場合でも、他の国を支配しようとする国の能力を制限し、衝突の機会を制限するという二つのことを達成するようにしかつくられていない。その目標は平和というよりもむしろ安定とか沈静化といったものである。本来バランス・オブ・パワーのシステムは、この国際システムに参加した国すべてを完全に満足させることはできない。すなわち、不満を持つ国が国際秩序を破壊しようとするレベル以下にその不満を抑えることが、バランス・オブ・パワーの最高の機能なのである。(2)」

核兵器の出現は、このような過去の勢力均衡とは異なる新たな要素をもたらした。基本的に勢力均衡においては、構成主体がいずれも突出した力を持たないことで、覇権を目指す動きの抑止になってきた。しかし核兵器時代においては、突出した力の有無にかかわらず、核兵器を使用することで敵国に壊滅的な打撃を与えることができる。そして同時に、敵国からの報復攻撃により自らも確実に壊滅的打撃を受ける（相手方は、第一撃が到達する前に報復の核ミサイルを発射する）。結局のところ、「相互確証破壊」という、「誰も核戦争には勝利できない」という状況が生じたのである。そのため、相手との力量の差を考慮して攻撃に出ないのではなく、攻撃に出れば、結局誰も勝利できず、地球を荒廃させることになるという厳然たる事実こそが、攻撃衝動を抑え込む大きな要因として出現してきた。これは勢力間の力の均衡とは全く異なる、自らの覇権の野望と人類の未来の破壊という新たな恐怖の均衡を生んだのである。

利益の体系

「勢力均衡」が力の体系であると言うとき、「力」とは、「武力」「防衛力」といったいわゆるハードパワーを意味する。「経済力」や「魅力」のような、相手を半ば自発的に動かす意味での力の要素は含まれていない。しかしながら、この世の中はハードパワーだけが作用して動くわけではない。それ以外のパワーも含めて、あらゆるパワーのバランスで成り立っている。

言うまでもなく、自然界では引力や遠心力ほか、物理的な力の作用・反作用が働くが、人間社会の仕組みや活動も、様々なバランスとアンバランスの連続が作用し合って動いていく。常にバランスした状態にあるわけではない。完全なバランス状態は何の力学も働かず、何の活動も変化も起こらないゆえに、進歩も進化もない。前述したハードパワーの「力」の体系では、アンバランスが「力」の行使の誘因になってしまうため、「勢力均衡」でバランスするのが望ましいとされるが、その他の人間社会全般で言えば、アンバランスがむしろ常態であり、それを解消すべく世の中が動き進歩していく。

例えば、人が空腹であることは安定していないアンバランスな状態であり、バランスを回復するため食事を摂る。食事を摂るためには食料を入手せねばならず、食料を入手するためには金銭が必要であり、金銭の入手のためには労働が必要となる。あるいは、不治の病が存在するというアンバランスな状態を克服するために、新薬や新たな治療法を開発するための努力が行われ、人類社会は発展していく。

個人と個人の関係がそうであるように、国と国の関係においても、軍事力、武力といったハードな力の関係だけが存在するわけではない。例えば二国間で通商貿易関係が発展していれば、相互の経済的利益のために両国の関係安定が重要となる。またその逆に、特定の地域・海域における資源開発の権利を争って、経済的利害が対立するような場合もある。こうした「利益」の側面は、相互依存が高まった現在の国際関係において無視できない要素になっている。ここでいう「利益」の面におけるバランスとは、ある国の経常収支や貿易収支の黒字や赤字で量られるものではない。経済的な不足を補うために取引や開発を行い、その不足が充足されることがバランスであり、そのバランスした状態においても、経常収支や貿易収支の黒字や赤字というものは当然に存在しうる。

価値の体系

世の中を動かし相互の関係に影響するもうひとつの要素として、価値観がある。互いの伝統、文化、芸術、歴史などへの共感、憧憬を覚えるという場合、相互に引きあう力が生じ関係が一層密接になる。逆に、宗教や人種の違い等によって相互に不信感を募らせ、対立的関係に陥る場合もある。このように、ハードパワーや経済的利益とは異なる価値観の異同や共感の有無も人や国家の間の関係に大きく影響する。

このような価値観には、心情的・心理的な親近感や反感といったものもあるが、社会のあり方を規定する、より重要な要素として、人権、民主主義、自由主義経済、法の支配といった基本的な価値観が存在する。このような基本的な価値を共有できるか否かは国と国との関係を左右する大きな要素である。これらの価値をどうとらえ、どの程度尊重していくかは、それぞれの国の政治体制と密接に関係する。それゆえに、内政不干渉の観点から、こうした価値の問題には互いに口出ししないというのが近代国際社会の基本的な考え方であった。

しかしながら、人権や民主主義を特に重視する立場からは、同じ人間である以上、自国民にだけでなく他国民であってもそれは保障されるべしという意識が必然的に高まってくる。それゆえに、人権や民主主義の尊重、それらの反映である自由主義経済、更にそれらを担保する法の支配という考え方・価値を共有する国同士には強い共感が生まれる。そして、世界全体にその価値観を広め共有すべく連携し、協力を強化しようというインセンティブが生まれることとなる。このような基本的価値のレベルにおいて紐帯が得られるのであれば、そこに形成される秩序はより密接なものになるといえる。

この「力」「利益」「価値」の体系が、それぞれ密接に関連しながら国家間の関係に影響を及ぼし、秩序が形成されていくと言える。(3)

秩序の維持に「力」が必要であることは否定できない。秩序を踏みにじり、「力」によって他者の「利益」や「価値」を侵害する行為が行われた場合には、より強大な「力」によってこれを止めることが必要である。しかし、それは本来は秩序を形成する手段ではなく、秩序を維持するための最後の手段でなければならない。それは自衛力であり、警察力である。

秩序の形成は、社会として実現し守らねばならない最高の価値を認識することから始まる。その最も重要な価値を明確にし、具体的な形で擁護・実現するために法体系を築く、そこに秩序が生まれる。その意味で本質的には、秩序とは「価値」の体系なのである。

ヘンリー・キッシンジャーは次のように述べている。

「国民のあらゆる国内的努力がめざしているものは、正義についての合意を得ることによって、力を義務に変えるための努力であることを示している。義務形態が、自発的なものになればなるほど、社会的価値は、ますます〝自然な〟〝普遍的な〟ものに思われるようになる。(4)」

また、日本の国際政治学者高坂正堯は、次のように述べている。

「国民が基本的な価値体系を共有しているからこそ、そこに秩序が成立しているのである。

それなしに力だけがおよんでも、それは専制になるか、または無政府状態になってしまう。人々は共通の行動様式と価値体系という目に見えない糸によって結ばれてはじめて、国家などの制度を構成することができるのである。」[5]

このような、「共有する価値体系」こそが秩序の根本的基礎であり、それを定める法秩序の中核的内容となるべきものである。しかし同時に、その秩序は人々への「利益」をもたらすものでなければならない。「衣食足りて礼節を知る」のであり、いかに崇高な価値であっても、生活していけなければ守ることはできない。逆に言えば、「衣食足り」ずとも「礼節」を守るべしとする「価値」は社会全体として共有、信奉する価値とはなりえない。

第二次世界大戦後の東西冷戦期において、東西間には「力」と「価値」の対抗関係と、「利益」の分断が継続した。経済社会の発展にかかるイデオロギーの違いは、約半世紀後に「利益」の体系において明確にその優劣が示されることとなった。社会による計画的な経済運営により公平・公正な経済社会を発展させようとした東側陣営は、人々に十分な「利益」をもたらすことができず、秩序の基礎となる社会的合意を維持することができなかった。そこでは国家間の秩序が崩れたわけではなく、秩序の基礎として共有してきた「価値」そのものに疑問が生じた結果、内部から秩序が崩れていったのである。

2　国際秩序形成に向けた「一般意思」と「特殊意思」

価値の体系としての社会契約

「価値体系の共有」によって秩序が形成されるという考え方は、その構成主体が自らの価値を自由に表明し、それが尊重されることが前提となる。なぜなら、各々が自らの価値観を持ち自由に表明することができなければ、社会の中で価値体系を共有するのは不可能だからである。そして、そのような社会でも、秩序を形成するためにはルールを設け、必要な範囲で個々の主体の自由を制約する必要がある。その制約を根拠づける説得力のある考え方が社会契約の考え方である。

「合意は拘束する」という言葉に象徴されるその考え方は、社会における構成主体への拘束・強制は、当事者の合意に基礎をおかなければならないとする。ただし、そこでは構成主体の個別の「特殊意思」ではなく、社会全体としての「一般意思」によらなければ、意味のある秩序は形成できない。例えば、国民一人ひとりは、本心では税金を払いたくなくとも、社会全体としては税金が必要という合意があり、それに基づいて課税が行われる。そのように個々人のある意味利己的な「特殊意思」が、「一般意思」による制約に服することが秩序の重要な要素である。

国際社会における社会契約

社会契約の考え方は、各国内における支配と被支配の関係を根拠づける考え方として発展してきたものであるが、世界における秩序が、その共有する「価値」に基づいて形成されるためには、国内の場合と同様の社会契約的な発想により、国と国の間の一般意思を形成していくことが必要となる。そのためには、前提として自由で対等な国家の立場が実現していることがまずは必要である。

国際社会においては、1648年のウェストファリア条約によって国家主権が規定され、他国の内政に干渉しないかぎりは、その「自由」が保証された。しかし、この当時の「国際社会」はヨーロッパに限定されていた。産業革命で世界に先駆けて近代化を進めたヨーロッパ各国は、その優位をいかして、アフリカやアジアの人々から搾取し、自らのさらなる経済的発展へとつなげた。植民地化された地域の人々には、同等の「国」としての立場や自由はなかった。文字通り世界全体において主権国家としての「自由」が保障されるには、1945年の国連憲章にて主権平等、民族自決が謳われ、1960年代に入って植民地が独立するまで待たなければならなかった（さらに言えば、その後も、東西イデオロギー対立の中で、中小国は自らの政治体制を選ぶことが実質的に否定されており、冷戦終結によってようやくその前提条件が整ったと見ることもできる）。

「合意は拘束する」の前提として自由意志が確保されたとしても、それによって秩序の構築に向けた合意が形成されていくかは別の問題である。そもそも、国家の享受する自由は個人が享受する自由とはその実質的性格において大きく異なる。個人のレベルの自由は、非常に脆弱であり、他者との相互扶助なくしてはその自由を実質的に担保することができない。自分ひとりの働きのみで、生活に必要なすべてを自給自足するのは不可能である。それぞれが何らかの職業につくことで互いに助け合い、生活が成り立っていく。そして、その関係を構築、維持し、発展させるために、さまざまな約束事が必要になり、「拘束」を受け入れる「合意」を結ぶことになる。こうして秩序が築かれていく。

これに対して、国家が享受する自由とは、すでに一定の自己完結性をもってその状態を維持する裏付けを伴うものである。そのため、その自由を自主的に手放す方向にかかる圧力は、個人の場合に比べはるかに小さい。同時に、軍事的に勢力均衡が得られ、消極的な意味での秩序が存在していれば、積極的に合意を形成して秩序を築いていくインセンティブは小さいと言える。

したがって、各国内における秩序形成に比べると、国際社会において各国家をしばる秩序の形成は非常に不完全なものとならざるを得ないのが現実である。各国は、自国の必要が生じるに応じて、その範囲において該当分野の約束を関係国ととりつけるべく交渉を行い、条約を締結する。例えば、通商関係を進めるにあたり、相手国における自国民の保護を行うために領事関係を結んだり、輸出入にあたっての関税などにかかる取り決めを結ぶということである。このようにして、条約による拘束を、自らの好む範囲で受けることに合意する「つまみ食い」なのである。したがって、国際社会全体を規律するような包括的でバランスのとれた秩序形成にはなかなかつながらない。

一般意思と特殊意思の妥協

このような問題意識のもと、国際社会全体を規律する多国間の条約作成への取組が行われてきた。ただし、多国間の条約案が作成されても、その条約を締結し、その条約による拘束を受けるか否かは、それぞれの国の自由な意思にゆだねられる。国内においては、法律が成立すれば、すべての国民がそれに拘束されるのに対し、国際社会では拘束されるか否かは拘束される国の側が決めることになる。むろん拘束を受け入れなければ、その条約による恩恵も基本的には享受できないが、その恩恵の大きさと義務の大きさを比較し、どちらを選ぶか選択する権利が与えられる。さらに、国家間の紛争によって国際裁判に提訴された場合でも、締結している条約を適用する裁判であってさえ、基本的にはその裁判管轄権を受け入れるか否かは当該国の判断次第である。事前に強制的管轄権を受諾する旨合意している場合には拒否できないが、その場合も事前の段階で受諾するか否かを判断する権利がある。当然ながら、国内では事前であろうと事後であろうと、裁判管轄権を拒否するなど全くできない。

このように様々な段階において国家の側に選択の余地を残さざるを得ないのは、主権国家の自律性を反映してであるが、逆にこのような条件のもとで進めなければ合意形成そのものが困難な現実がある。国際連合においても、安全保障理事会に強制力のある決定を行う権限を与えるためには、五大国の拒否権を認めざるをえなかったのが現実である。

すでに述べたように、国内においては、個々人の利己的な「特殊意思」をおさえて、社会全体としての「一般意思」によって実効的な法秩序が形成されている。これに対し、国際社会における現下の状況は、「特殊意思」と「一般意思」の宥和によって緩やかな形で法秩序の形成を進め、少しでも「一般意思」を育成すべく努力が積み重ねられている状況だといえよう。

3 「価値」の体系としての国際秩序

国際秩序における「価値」の意味

およそ秩序というものが根本的には価値の体系であるとするならば、国際秩序は価値の体系となりえているのだろうか。国際社会の現実において、当事者が自らの都合に応じて合意を結び、それが積み重ねられたとしても、それだけで全体としての価値の体系が築き上げられるかは疑問である。そこでは、意識的に世界全体を見据えた価値の体系を築く取組が必要になる。

ここで、ひとつ考えなければならないのは、自分の「価値」の共有を、どこまで他者に求めることができるかということだ。東西冷戦をもたらしたイデオロギー対立は、結果としては西側が強制することなく、東側内部から価値観の崩壊を招いたのであったが、もしそのような「自主的な改宗」が生じない場合、価値観の共有を強要することは認められるのだろうか。それを無制限に認めれば、保たれている秩序を崩壊させることにもつながりうる。

古くから繰り返されてきた宗教対立は、文字通り価値の対立であり、場合によっては武力で価値観を押し付けようとすることで激化し、平和を乱す大きな要因となってきた。ヨーロッパにおいてウェストファリア条約による秩序が求められた要因は三十年に及ぶ宗教戦争であった。ウェストファリア体制は、「価値」の要素を排除することにより、各国ごとに異なる正義を追求することを認めることによって成立したのである。しかしそのウェストファリア体制は、1789年のフランス革命によって誕生した革命勢力がその革命の「価値」をおそれる周辺諸国と対峙し、戦線が拡大したことをきっかけに崩れることとなる。その後に成立したウィーン体制も、ヨーロッパに平和をもたらした一方で、自由主義や民族主義の拡大を阻止する機能を有した。

ヨーロッパの外に目を向ければ、「価値」は更に多様な広がりを見せる。イスラム教的価値からすれば、アラーの神への信仰を世界全体に広めることはその教義の一部である。キリスト教も、十字軍のように価値の伝搬のために戦争に訴えていた時代があったが、過激なイスラム勢力は現代においても異教徒に対する「聖戦」をしかけることがある。

このように、「価値」の対立は古くから現代にいたるまで戦争の大きな要因であり、価値観を押し付けるような行動が、秩序を崩し、平和を害してきたのである。現在の国際社会の構造を規定している国家主権の概念と内政不可侵の観念は、むしろこのような「価値」の強要に対する防波堤として定着したともいえる。

自らが正しいと思うこと、そうあるべきと考えることを、他の人と共有したいと考えるのは、ごく自然なことである。こうした価値観の共有は、国家の思考様式としても理解できるものである。そして、その価値観の共有を基礎として秩序が形成されれば、力の均衡による緊張した平和ではなく、より安定した「前向きな」平和が実現できる。そう考えると、国際社会においても価値観共有のための取組を進めること、それを基礎にした秩序形成を促すことは重要である。一方で、「価値」の共有は、各国、各国民の自主性と自決権を尊重しつつ漸進的に進めるべきである。性急に行うべきではないし、まして や、武力や強制力をもってなされるべきものではない。このバランスをどこでとるかが重要である。

キッシンジャーは次のように述べている。

「国民の国際問題に対する経験は、その国民がもっている正義感の普遍性に対する挑戦である。というのは、国際秩序の安定は、それぞれの国家の自制によるからであり、換言すれば、異なった正統性同士の調和にかかっているからである。国民は、その政策を、国内的正統性によって評価するが、これは、それ以外の判断基準がないからである。しかるに、国際秩序の正統性理論と、一国家の正義についての解釈とを一致させようとする努力は、革命的状況を導くことになる。国と国との間の国内的正統性理論に十分な共通性がない場合はとくにそうなるのである。」[6]

国と国の関係の正統性の問題は、当初、戦争の正当性という観点から論じられた。いわゆる「正戦論」である。そこでは、戦争にも、正当化されるものと、そうでないものがあり、戦争に訴えるにしても、正当な理由があるか、最後の手段としての武力の行使か、目的と手段のバランスがとれているかといった点が問題とされた。国際法の父と呼ばれるグロチウスは、１６２５年『戦争と平和の法』にて、これを論理的に体系づけた。

19世紀後半になると、国際人道法の流れが出てくる。正戦論が、戦争を行うことの正当性を問うたのに対し、国際人道法は戦争を行う際の戦闘の仕方を定める。大きく分けて、交戦国や戦闘員が戦闘を行う際に従うべき規則を定めたハーグ法系列と、傷病兵や民間人といった非戦闘員の保護を定めるジュネーブ法系列がある。１８６３年に、現在の赤十字国際委員会の前身である「国際負傷軍人救護常置委員会」が設置され、そこでの議論をもとに、翌年には最初のジュネーブ条約が締結された。さらに、１８９９年から開かれたハーグ平和会議において、一連のハーグ系列条約が作成された。

このように、19世紀までの国と国との関係の正統性、倫理性の問題は、あくまでも戦争という「力」の行使のあり方について問われていた。それは、勢力均衡における「力」のルールであり、そこに「価値」は介在しなかった。国際関係において、「自由」や「民主」といった倫理的規範が援用されるのには、20世紀を待たねばならなかった。

第一歩としての民族自決権

「自由」「民主」という理念が、全世界的な国家間の関係に明確に反映された最初の考え方が、「民族自決権」である。第一次大戦後、その講和プロセスに先立ち米国大統領ウッドロー・ウィルソンは「14箇条の平和原則」を提唱、その中で「植民地問題の公正な措置」として民族自決の考え方が示された。この「民族自決」は、もともと1917年にソ連が十月革命で示した考え方であるが、それをウィルソン大統領が講和原則のひとつに取り入れたのであった。その後、実際には「民族自決」は不完全な形でしか実現せず、ヨーロッパ内で多くの東欧諸国が独立したものの、ヨーロッパ外では英仏を中心とする植民地支配が続いた。とはいえ、キッシンジャーのいう「国際秩序の正統性理論と、一国家の正義についての解釈とを一致させせようとする努力」が初めて見られたという意味において画期的であった。そしてその理念は、第二次大戦後、より明確かつ無差別な形で国連憲章上の原則として結実していくのであった。

一方で、この民族自決権は、国のレベルにおける「自由」「民主」であり、国の中での個人の「自由」や「民主」的な政治制度に関心を持つものではない。それは、17世紀にヨーロッパ内で成立したウェストファリア体制の原則が、この時になってようやく「世界」に広がったようなものであった。逆に言えば、各国内の価値の問題については立ち入らない、干渉しないということを前提にしたからこそ、「国際社会」は世界に広がることができたのだ。しかし、「自由」と「民主」を求める声は、そこにとどまるものではない。国や民族の自律性のみでなく、それぞれの国の中で人権が尊重され、民主的な意思決定がなされることが根本的に重要である。

ウィルソンも、民族自決とあわせ各国が民主主義国となることを重視していた。「ウィルソンの世界秩序の思想は、旧世界の教訓と経験からの根本的な離別を宣言したものであり、人間の基本的に平和的な性格と世界の内在的調和に対する、アメリカ人の信念から出てきたものであった。それはまた、民主主義国は本来、平和的であり、人々は民族自決を与えられれば戦争を始めたり、他の民族を圧迫したりする理由を失ってしまうという考え方であった。世界中のすべての民族がいったん平和と民主主義の恵みを享受すれば、彼らは自らが得たものを守ろうとして立ち上がることは確実となるのであった。[7]」

東西冷戦と政治体制の乖離

第一次大戦中に社会主義国家が誕生すると、個人と社会の関係をめぐる考え方に各国間で根本的な乖離が見られるようになり、否応なく、国の中における人々の自由や政治体制の民主的性格が国際的関心事になっていった。そして第二次大戦後のイデオロギー対立は、こうした「価値」共有の難しさを見せつけることとなった。

東西冷戦の初期、未だ米国が核兵器を独占している時期に、ウィンストン・チャーチルは、この圧倒的な軍事力の差を背景に東側と交渉すべきであると主張した。これは明らかに、46年に米国がその核戦力を超国家機関の管理に委ねる提案（事実上米国の「核能力」独占を可能にする）をしたのに対し、ソ連が拒否したことを受けての主張である。無論、直接の武力行使で要求を実現しようとするものではないし、そもそも交渉とは軍事力・経済力を含む力の差を背景に行われるものであるから、チャーチルの提案を不当と言うことはできない。

しかし、トルーマン米国大統領はその提案を容れることはしなかった。もしもチャーチルが提案したような交渉が行われていれば、自由主義社会に一層有利な国際社会の構造が構築された可能性がある。冷戦はもっと早く終結したかもしれない。それによって、東側諸国の人々が苦しんだ人権抑圧と経済的な窮乏を、もっと早く終わらせることができたかもしれない。しかし実際は、当時のチャーチルは英国の野党党首にすぎなかったこともあり、トルーマンは交渉はリスクが大きすぎると判断、むしろ、外交官ジョージ・ケナンが主張していた封じ込め政策の採用を決めた。そうするうちに、49年、ソ連が核実験に成功、東西間に意図せぬ力の均衡がもたらされ、東西対立の長期化が不可避になった。

東西間の考え方に大きな乖離がある中においても、人権尊重や民主主義という普遍的価値観が世界全体において実現するよう、これを国際秩序の次元に引き上げるための取組は行われてきた。まずは価値観を共有し、それをもとに秩序を形成するのが理想的であろうが、各国のさまざまな政治体制のもとでは現実的ではない。それぞれの違いを乗り越えて共通点を見出すべく交渉を行い、条約を作成するという具体的な作業を通じて、「人権尊重」「民主主義」というスタンダードを確立していくことが必要である。こうした地道な作業が、国際社会を構成する原則あるいは価値規範の探求に通じると考えられた。

国際社会における価値の規範化

国連憲章においては、国連の目的として以下のとおり定める（第一条）。

1　国際の平和及び安全を維持すること。そのために、平和に対する脅威の防止及び除去と侵略行為その他の平和の破壊の鎮圧とのため有効な集団的措置をとること並びに平和を破壊するに至る虞のある国際的の紛争又は事態の調整または解決を平和的手段によって且つ正義及び国際法の原則に従って実現すること。

2　人民の同権及び自決の原則の尊重に基礎をおく諸国間の友好関係を発展させること並びに世界平和を強化するために他の適当な措置をとること。

3　経済的、社会的、文化的または人道的性質を有する国際問題を解決することについて、並びに人種、性、言語または宗教による差別なくすべての者のために人権及び基本的自由を尊重するように助長奨励することについて、国際協力を達成すること。

4　これらの共通の目的の達成に当たって諸国の行動を調和するための中心となること。

この第一条において、国際の平和と安全の維持、人民の同権及び自決の原則、すべての者の人権及び基本的自由の尊重といった重要な基本的価値が謳われている。特に、国家間の関係から一歩踏み込んで、各国内において実現されるべき人権及び基本的自由の尊重という理念が掲げられたことは注目される。そしてこの理念をさらに発展させ、１９４８年には世界人権宣言が採択されている。東西イデオロギー対立の中、この理念が実際にどの程度加盟各国に共有されていたかは疑問が残ると言わざるをえないが、世界世論の形成が緒に就いたことは非常に重要な事実であった。

その後60年代以降になると、人権関連の具体的な条約の作成が進展する。特に注目された最初の動きは、１９７５年に合意に達したヘルシンキ協定であった。この協定は米ソを含む東西両陣営が参加するＣＳＣＥ（欧州安全保障協力会議）の枠内で交渉され、参加各国の首脳会議で合意に至ったものである。この協定は三つのバスケットに分かれており、第一バスケットは「欧州における安全保障に関する諸問題」、第二バスケットは「経済、科学技術及び環境の分野における協力」、第三バスケットは「人道及びその他の分野における協力」とされた。この三番目のバスケットに、出版、報道を含む表現の自由や渡航の自由等の、人権保障にかかわる事項が盛り込まれたのである。

当時国務長官としてフォード大統領に同行していたキッシンジャーは、会議後に次のように述べている。「ヘルシンキでは戦後初めて人権と基本的自由が東西間の対話と交渉の議題として認められたのである。この会議は人道的な行動に関するまさに我々の基準を打ち出したのである。そして我々の基準はこれまでも、そして現在でもなお、何百万人にとって希望のかがり火なのである。(8)」

ヘルシンキ協定の翌年76年には、国際人権規約（1966年採択）が発効し、これに前後して、人種差別撤廃条約（65年採択、69年発効）、女子差別撤廃条約（79年採択、81年発効）、拷問等禁止条約（84年採択、87年発効）、児童の権利条約（89年採択、90年発効）など、人権関連条約の作成が行われている。これらの条約には、ロシア（ソ連）や中国も締約国となっている。ロシアや中国における人権保障のレベルには現在にいたるまで疑問が呈されているが、このように様々な形で人権を保障することが重要だという考え方そのものは否定し得なくなっている。だからこそ、ロシアや中国もこれらの条約を締結していると言えるだろう。

同様に、どのような体制の国でも、少なくとも形式的には、民意の支持を受けて民主的に政権を運営することの重要性を唱えている。北朝鮮が、その正式な国名として「朝鮮民主主義人民共和国」の名を掲げていることは、何よりも雄弁にそれを物語っている。

つまり、各国における実態としての状況はともかくも、「人権尊重」「民主主義」という価値を認める「一般意思」が形成されてきたのだ。東西冷戦の中にあっても、ゆっくりとではあるが、世界全体にわたる普遍的価値にかかる一般意思の形成が進展してきたことは注目される。

冷戦の終結と価値観の収斂

自由主義陣営においては、戦後すぐ1949年の時点で、人権・民主主義・法の支配の分野で国際社会の基準策定を主導する汎欧州の国際機関として、「欧州評議会」が設立された。各種条約策定、専門家会合開催のほか、人権・民主主義・法の支配の分野における勧告・決議を採択し、決議事項の実施状況のモニタリングに取り組むなど、実質的な活動を行ってきている。これは、普遍的価値を相当程度共有する西欧諸国の間においては、より具体的、より実質的に価値の体系に基づく規範を推進することが可能だったことを意味している。

冷戦の終結は、こうした自由主義陣営の取組を、更に強力に世界全体に広げることが可能だと示唆するものであった。すなわち、個人の自由に一層の重きをおく政治経済体制が、追求すべき「価値」として優っていたことが示されたのである。

しかし言うまでもなく、社会全体としての計画性を重視する「価値」と、個人の自由に一層重きを置く「価値」との比較において、考え方そのものに優劣があるわけではない。こう言うと、これまで述べてきたことと矛盾するかのようであるが、各人が持って生まれた能力や置かれた環境が異なる中で、すべての人に実質的に平等な社会を実現するためには、全体としての計画と調整が重要だとする考え方にも一理はある。しかしながら、国家が経済社会を管理するという方法では、個人のインセンティブ、バイタリティを引き出すことができず、結果として「利益」の体系における裏付け（十分な経済発展）を与えることができなかったということである。

トルーマン政権の商務長官であったヘンリー・ウォレスは、在任時に以下のとおり述べていた。

「我々が我々の勢力圏を民主化しようとするように、ロシアは自らの勢力圏を社会主義化しようとするであろう。社会主義経済が正当であるというロシアの考え方は、世界のほぼ三分の一を支配しつつある。我々の自由競争と民主主義という考え方は残された地域の多くを支配するであろう。この二つの考え方は、それぞれの政治支配下にある地域において、どちらが人々に最大の満足を提供できるか証明するために懸命の努力を行うことになろう。」

この壮大な「社会実験」によって、西側の理念が十分な利益をもたらすことがわかったのは偶然の産物かもしれない。しかしながら、人間としての存在そのものを尊重し、個人の意思や自由を一層尊重する政治経済体制が、同時に人々に十分な生活の糧をもたらしフィージビリティが高いと判明したことは、人類にとって幸運なことであった。

自由と民主の価値の共有

現在、「人権」や「民主主義」は人類にとって普遍的な価値であるという認識が、世界で共有されるようになってきている。その認識の度合いは一様ではないが、長い歴史の中で着実な広がりを見せていると言えよう。人はこの世に生まれてきた以上、ただ生存するというのみでなく実質的に意味のある「生」を享受する権利がある。そのためには、個々人が自らの意思で自らの人生と行動を決める自由が与えられねばならない。そのことは、宗教や文化を問わず尊重されねばならないという考え方が世界に広まってきた。(9)

更に、その自由は全ての人に平等に保障されねばならない。個人の勝手な振る舞いで、他の人の自由を不当に侵すことはできない。それゆえ制約を受けなければならないが、その線引を個々人の自由意志で決めるのは、よほどの賢人であっても困難であろう。それは、社会全体を見通した意思（一般意思）によって決められるべきであり、それを実現する装置こそが民主主義なのである。

この、究極的な価値である人権の尊重と、それを実質的かつ平等に実現するための民主主義という両輪は、人類に普遍的に当てはまるべき価値であり、世界全体において実現されるべき価値としてますます共有されるようになった。

次善の策としての「国際秩序」

このように「自由」「民主」というリベラルな価値の共有は確実に広がってきたが、それはあくまで横並びの主権国家が価値を共有し、それぞれの国内においてリベラルな秩序を築いてきたということである。例えば、人権関連の条約によって各国が義務付けられた国内の人権保障について、相互に遵守状況をウォッチすることが緩やかな形での秩序にはなっているが、強制力は不完全である。すなわち、社会の構成主体が共有する「価値」を頂点として、そのもとで法秩序が構成され、それぞれの主体をしばるという意味での本来の秩序は未だ形成されていない。ウェストファリアで築かれた国境の壁は強固に残っているのである。

このような特殊な「秩序」は、本来的な強制力を持つ世界秩序ではないものの、主権国家の併存という現実の中で、その枠組みを尊重・活用しつつ、世界における自由と民主を実現するという、いわば次善の策として形成されてきたものと言える。この現状は、リベラルな価値を十分に共有していない一部の国の中でのその価値の実現を困難にするものであるし、そうした国が世界全体の取組に水を差すことも可能にしてしまっている。

しかし、物事は段階を踏んで漸進的に進めなければならない。繰り返すが、これまでの「国際社会」の枠組みを通じた取組により、リベラルな価値を重視する一般意思は世界において確実に形成されてきている。主権国家の併存を前提とした「国際秩序」が、人間個人の尊厳を尊重し、その自由と平等を実現するという普遍的価値の実現に役立っているのであれば、その秩序をあえて壊す必要はない。しかしながら、「自由」と「民主」をめぐる世界の状況が変化すれば、それを実現するための「次善の策」のあり方も変化を迫られる。そして今、その大きな変化が世界に訪れているのである。

（1）国際社会における「勢力均衡」を、国内政治における「三権分立」のように、構成主体がその前向きな役割を認める一種のシステムと捉える見方からすれば、第二次世界大戦後の東西対立は勢力均衡とは呼べないのかもしれない。ウィーン体制と違って、東西両陣営は明らかに勢力拡大を競っていたのであり、冷戦構造を平和のためのシステムと捉えていたわけではない。
（2）ヘンリー・A・キッシンジャー『外交』（岡崎久彦監訳）日本経済新聞出版社1996上巻p8
（3）オックスフォード大学で国際関係論の教授を務めていたヘドリー・ブルは、次のとおり述べている。「もし今日の国家が国際社会を形成しているとすれば、……それは、国家が、一定の共通利益と、おそらく、いくつかの共通価値を承認することによって、自らが、相互関係の処理において、一定の規則によって拘束されていると考えているからにほかならない」（ヘドリー・ブル『国際社会論――アナーキカル・ソサイエティ』（臼杵英一訳）岩波書店2000 p14-15）
（4）ヘンリー・A・キッシンジャー『回復された世界平和』（伊藤幸雄訳）原書房1979 p578
（5）高坂正堯『国際政治――恐怖と希望』中公新書1966 p128-129
（6）キッシンジャー『回復された世界平和』p578
（7）キッシンジャー『外交』上巻p311
（8）同右下巻p438
（9）宗教に関して言えば、イスラム国家においては、政治体制と宗教が密接に関係しており、全体主義的な色彩が濃い。民主主義と両立することは可能かもしれないが、個人の「自由」は引き続き大きく制限されていると言わざるを得ない。

第二章

グローバリゼーションという名で拡大する「自由」

CHAPTER 2

1 グローバリゼーションによる国境の相対化

グローバル化による「国際秩序」の緊張

本章では、前章で述べたような主権国家から成る国際社会の現実が、グローバリゼーションの進行によって変動してきている状況を見てみたい。それはまた、国際社会において共有されるようになってきた「自由」と「民主」の関係の変質をも意味する。「自由」によるグローバル化の追求と「民主」による国際化の追求の、微妙なバランスの変化であり、崩壊の序曲でもある。

これまで、「グローバル化」と「国際化」は同じような意味合いで用いられることが多かった。それは、個人や企業を含むあらゆる主体の活動が国境を越えて広がっていくことと、国と国の関係が緊密化することが、ほぼ同時に進展してきたからである。しかしながら、両者は本来は別の概念である。「グローバル化」が国家以外も含めたあらゆる行動主体の自由意志によって進展する現象であるのに対し、「国際化」は主権国家ごとの意思決定を前提とし、それが民主主義国家であれば国民の民意によって意図的に進められる取組である。基本的には、前者が後者を求め、後者が前者を可能にするが、それは必ずしも一致するとは限らない。

国際社会における秩序形成の原動力となってきたのは、主に経済的動機に導かれたヒト、モノ、サービス、カネ、情報の国境を越えた流通の拡大であり、それを可能にする科学技術の発展である。もともと人々の生活が国境の中だけで完結していた時代には、国家間において主権平等、内政不可侵が確保されていれば、それ以上の国家間の取り決めは必要がなかった。しかし、人々がより豊かな生活を求め、国境を越えて活動するようになると、ある国の国民の活動が他の国に影響を及ぼすこととなり、またその個人の安全や利益に他の国がかかわることになる。そのため、国家間でいろいろな約束事を定めていかねばならなくなる。

今現在も、基本的にはこの流れの中にある。ヒト、モノ、サービス、カネ、情報の流通を一層拡大させる科学技術の発展はとどまることを知らず、個人や企業の活動範囲が質・量ともにますます拡大している。そしてその拡大を追いかける形で国際的なルールが形成されてきている。

前章で価値に基づいた秩序形成について述べたが、個人の人権を尊重し、民主的プロセスによって規則を決めるという価値が十分に共有されていれば、予期せぬ事態が生じた場合でも、その共通の価値規範によって対応がとられるという安心感があるため、ヒト、モノ、サービス、カネ、情報の流通はますます促進される。

こうした個人や企業といった非国家主体の活動が国境を越えて拡大していくグローバル化の流れの中で、世界の新たな状況に対応するために、国際社会の基本単位である国家が、相互に調整し諸制度を整えている。別の見方をすれば、グローバル化の動きが国家の壁を崩し、世界全体へと貫いていくのに対して、国家が壁を修復し、主権国家を基礎とした秩序単位を守るべく奔走しているようでもある。

国際秩序は、あくまで国家が単位である。国内秩序においては、政府や企業、あるいは個人という社会のあらゆる構成員がその権利義務の主体となりうるが、国際社会の法秩序においては、あくまで原則として国家の権利義務が定められている。前章で述べたような人権保障の諸制度においても、ごく限られた例外を除き、直接に個人の権利を設定するのではなく、各国が国内法制度においてそれを担保することを国の義務として設定しているのである。これは国際社会における共通の価値、共通の利益の担保を、あくまで国家主権を尊重する形で実現すべく編み出された工夫である。それは、まさに国と国の間の「国際」の関係、

「国際」の秩序なのである。

グローバル化は、この「国際」の秩序を緊張させる存在である。ここで言うのは、国際関係が不安定になるということではない。グローバル化によって非国家主体の活動が国境を越えて世界全体に広がっていくことは、国家から見れば、秩序・無秩序、利益・不利益の流出・流入が避けられないのみならず、国ごとに利害関係や治安維持、安全保障を考える思考様式にも修正を余儀なくされるということである。領域国家を基本単位とする国際秩序のあり方が挑戦を受けていると言ってもよい。

相互依存関係の変質

１９７０年代以降、国と国との相互依存が高まることにより、国と国との関係が安定すると言われてきた。こうした相互依存は軍事面、経済面双方において進展し、それらを受ける形で政治的な相互依存が進展した。軍事的な相互依存は、東西冷戦の中で、国家主導により明確な意図をもって進められてきた。ＮＡＴＯ（北大西洋条約機構）やワルシャワ条約機構、日米、米韓安全保障条約等がそれである。その一方で、経済的な相互依存は、非国家主体、特に企業による利潤追求という自然的活動により発展してきた。エネルギー資源の確保のように、国の施策の一環として進められたものもあるが、基本的には、少なくとも自由主義陣営においては国家の意思から独立して発展してきた。

この相互依存の高まりは現在も進行しており、ある意味、その結果もたらされる個々の国家の「脆弱性」が、国家間の緊張を抑止する効果をもたらしている。そのこと自体に変化があるわけではない。しかしながら、企業はあくまで自らの利潤追求を至上命題としており、いずれかの国家や国民の利益や安定を目指しているわけではない。そのため、サプライチェーンのグローバル化により、本社が所在する国での雇用を減らし外国での雇用を増やすかもしれない。さらには、法人税率の低い国に本社を移し、それまで所在していた国の法人税支払いを免れるかもしれない。金融取引のグローバル化により企業の株主構成の多国籍化も進んでいる。そうなってくると、その企業の活動により、どの国がどの国に依存する状況になっているのかさえよくわからなくなってくる。

日産自動車を例にとれば、18年11月まで会長であったカルロス・ゴーンはブラジル、フランス、レバノンの国籍を持つ。ゴーンの体制においては、日産自動車の取締役9人中4人が外国人であった。株式の43%は、現在も、フランス政府が筆頭株主であるルノーが保有しており、それを含めて、外国人の持ち株比率は61%に上る(19年9月30日現在)。実に年間生産自動車台数の83％を日本国外で生産し、89％を日本国外で販売しているのである（18年実績）。[1] 間違いなく日本発祥の企業ではあるが、もはや日本企業と言ってよいのかよくわからない。

国境を越えた自由な経済活動が保障されてきたことと、近年の情報科学技術の進展により空間を飛び超えることが可能になったことによって、企業にとって国の内外の区別、地球の表裏の区別が意味を持たなくなってきている。それぞれの企業がどの国、どの国民の利益になる活動を行っているのか、どの国がその企業の利益を守るべきなのか。領域に基礎を置く国家を単位とする「国際」秩序は、その意味で「利益」の体系においてグローバル化からの挑戦を受けていると言える。

以上は、「国際秩序」の側からの見方であるが、マーケット側の視点からすれば、これは利益の追求のために多大なリスクを引き受けることを意味する。企業活動をグローバル化していくということは、母国に守られない領域に踏み込んでいくことである。インフラの整備状況、租税、社会保障、雇用環境、金融制度、通貨の安定、環境規制、契約履行の担保、司法の公正性、政治情勢の安定等々、あらゆるリスクを冒しながら企業活動をグローバル化させていく、その取引費用は膨大である。それによって、いつの間にか、母国以外の多くの国に依存し、また恩恵をもたらすことにもなるのだ。

経済学者ダニ・ロドリックは、次のとおり述べている。

「もしあなたが私と同じ国の市民であるなら、同じ法の下で、政府が提供する同じ公共財がもたらす便益の下で活動することができる。もしわれわれが違う国の市民であるなら、これはかならずしも真実ではない。平和と安全、法律をつくり強制すること、公共財への支払い、そして経済的な安定や安全の確保を保証してくれる国際機関はない。文化の違いや国を隔てる距離があるため、互恵や規範のような非公式の制度がお互いの協力を導くこともない。市場を支える制度は、ローカルで、非常に近接した国々にしか存在しない。したがって、貿易や国際金融は本質的に、国内での交換に比べると高い取引費用を必要とする。……国際市場は主権国家による公式の制度的枠組みの外側で動いているが、特別な取り決めがないために、市場を支える制度的枠組みを奪われている。しかも、国際市場は国家や司法権で区切られた制度の境界線を越えて動いている。この二つの事実――グローバル市場の全体を包括する制度的枠組みの不在と、ローカルな制度間で生じる市場の緊張関係――は、経済グローバリゼーションを理解する上で本質的である。(2)」

もちろん、企業が高い収益を求めて、このような緊張関係の中に身を置くことは自由である。むしろ多大なリスクがあるからこそ、二の足を踏む競合他社に先駆け、商機をつかむことも可能になる。皮肉なのは、こうした企業による利潤追求が、主権国家の管理（それは規制、保護の両面で存在する）が及ばないために生じる「リスク」によって実現することだ。すなわち、それは「グローバル化」と「国際化」のズレの中に活路を見出しているということなのである。

2　情報科学技術による秩序概念の変質

ＧＡＦＡによる秩序形成

企業や個人の活動を主権国家単位で捉えることが実態から遊離してきているのに加え、情報科学技術の飛躍的発展により、非国家主体が「国際」秩序とは別の次元において世界に支配的影響力を及ぼすようになっている。

近年のインターネットの発展・普及は、人間生活のあらゆる部分に革命的変化をもたらした。連絡・通信や情報収集、情報発信を飛躍的に簡便にしたほか、ネットショッピングが新たな商機を生み、ネット上のオークションやフリーマーケットが消費者間の直接のコンタクトと商品の流通を促進した。金融取引はコンピューターによる高速取引が主流になった。ＩｏＴ情報処理の高速化は加速度的に進み、人間生活の多くの要求を満たすようになってきた。ＩｏＴの進化とともに、それまでの、通信手段として生活に利用していた状況から、生活手段そのものとしてインターネットを利用する状況になりつつある。

このような中で、インターネット上のサービス基盤（プラットフォーム）を提供する大手IT企業プラットフォーマーの影響力が大きくなってきている。現在世界的影響力を有する米国の大手4社は、その頭文字をとってGAFAと略される。それぞれの企業の拡大は四者四様であり、検索サービスから始まったグーグル、パソコン・携帯電話事業から入ったアップル、ソーシャル・ネットワーク・サービスからのフェイスブック、書籍通販から拡大してきたアマゾンである。当初のフィールドから徐々に業務を拡大し、ネット広告、アプリ配信、決済サービス、クラウド事業、自動運転、音声認識、人工知能など、それぞれに重点は異なるが、世界全体の企業の活動や人々の生活に大きな影響力を有するようになっている。

オックスフォード大学教授のビクター・マイヤー＝ショーンベルガーと作家・ジャーナリストのトーマス・ランジは、IT分野における市場の集中化により、「規模の経済」と「ネットワーク効果」に加えて「フィードバック効果」が生じ、市場支配力に拍車をかけることとなると分析している。

「規模の効果はコストを削減し、ネットワーク効果は有用性の向上につながり、フィードバック効果は製品そのものを改善する。……このように三つの効果が重なると、市場に出回っている製品・サービスの種類が大幅に増える。残念ながら、ここでも市場の集中化が進行していて、市場の効率性から見ると命取りになりかねない。」[3]

例えば、これらの企業が運営するショッピングサイトや広告を経由して商品を購入する人が増えれば、購買履歴が蓄積されていき、性別、年齢層、居住地域、関心商品（閲覧記録）などに応じた商品や広告の提供が可能になる。その結果、更に商品が売れるようになり、出店企業、広告主も増えていく。この繰り返しにより、個人情報、企業情報が加速度的に蓄積され、その分析により、一層利用者のニーズに見合ったサービスを提供できるようになる。こうして、ますます多くの利用者の欲求や欲望の把握と、場合によってはその方向づけという形でも影響力を拡大していく。それは、すでに情報技術を用いた場所や手段の提供を超え、その経済取引や生活そのものの中身にまで踏み込んできているのである。

国の内外を問わず、人々の生活や社会経済活動の安定した枠組みを提供するのは、伝統的に国や自治体の役割であった。法令によってその条件を整え、安定した生活を守っていた。国外との関係が生じれば、国と国が交渉して、枠組みを決めてきた。

プラットフォーマーは、このような各国の法令を踏まえつつも、独自の枠組みを設定することで利用者を条件づけ、囲い込み、支配力を高めている。その独占的な影響力により、証券取引所のような公的な枠組みにも匹敵する立場を確立してきている。そのような公共性は、必然的に透明性、公平性を求められるものであるが、利潤追求を第一義とするプラットフォーマーは必ずしもそれに見合った行動をとっていないと批判される。

自治体もさまざまな個人情報を有してはいるが、出生届を出した時に、特定企業のベビーベッドやベビーカーのチラシを渡したりしないし、数か月後に三輪車のチラシを送ってきたり、5年後にランドセルのチラシを送ってきたりはしない。ましてや、近隣の商店から高額のマージンをとってチラシを送らせたりもしない。プラットフォーマーが蓄積した個人情報を用いて様々な広告・宣伝活動を行うことに対し、便利だと思う人もいれば、不快に思う人もいる。重要なのは、透明性と公平性、そして利用者側の任意性である。

もちろん、IT企業からの広告・宣伝活動を受けて、それを購入するか否かは利用者の任意である。しかし実際には、企業から提示された選択肢をクリックし、新たにクレジットカード情報を入力することもなく簡単に購入できるその気楽さに身をゆだねてしまう。そこでは、以前に同じIT企業が運営するショッピングモールの別の店で購入した際に付与されたポイントも使うことができる。それは使わないともったいない。つまり、任意のつもりでいても、その任意性は実は大きく減じられている。

また、本筋からは少し外れるが、このような状況は私たちの人格形成をも制限する影響があろう。それまでの自分の検索結果や閲覧したサイトの内容に縛られ、自らの興味・関心の範囲が広がりにくくなっていることは否めない。IT企業側は、それぞれの消費者の多様性に対応してサービスを展開するが、消費者側では自らの関心や人格を多様な形で発展させることがかえって難しくなっている。

GAFAと国家主権

何よりも問題なのは、このような公共性の高い枠組みが、国や国際社会による秩序とは別の次元で、一種の秩序として存在することである。前項で述べた企業活動のグローバル化が国際秩序に及ぼす影響が、いわばアクターとしての活動によるものであったのに対し、プラットフォーマーの問題は、それらアクターの活動基盤の形成という、より公共性の高い秩序形成そのものにかかわるものである。

それはあたかも、政府レベルで主権国家単位の管轄権が及ぼされるのに対し、それとは別の次元で民間企業が世界規模の管轄権を及ぼすような状況である。国境を越えた経済活動の基盤を民間企業が形成しているため、その公共性に見合った透明性と公平性が十分に確保されない状況が生じているのである。これもグローバル化がもたらす国際秩序の変動要因になっている。

このような状況に、各国は真剣に対策を検討している。これらプラットフォーマーに対する規制として、個人情報の保護、市場の競争性の確保、公正な課税など、企業を規制する際のあらゆる切り口からアプローチが進んでいる。

特に危機感を強めて規制を強化しているのはEUである。公正な課税の問題は早い段階から認識されていた。この問題は、一般的な多国籍企業にも該当するが、IT企業については特に大きな問題となっている。各国の法人税にばらつきがある中、十分な規制がなければ、多国籍企業はグループ全体の収益を最も法人税率の低い国における収益として計上することで、税金の支払いを最小限に抑えることができてしまう。そのため、基本的に支店や工場などの恒久的施設(PE)と呼ばれる物理的な拠点の存在を基準に課税することが、国際ルールとして確立されている。しかし、IT企業はこのようなPEを設置せずとも、大きな利益を上げることができてしまうため、事実上自由に国を選んで(すなわち法人税率を選んで)法人税を納入することが可能になる。EUはこの状況を問題視し、低税率国に対してプラットフォーマーから税金を追徴する命令を出している(4)ほか、フランス当局は19年9月、グーグルに対し、法人税逃れの疑いで制裁金・追徴金を課した。さらに、法人税に加え、ヨーロッパ各国は個別にこれらＩＴ大手に対して「デジタル課税」を導入し、課税を強化する方向に出ている。19年7月、フランスが、一定以上の売上高があるＩＴ企業について、デジタルサービスによる売上高に3％課税する法案を可決したほか、イタリアや英国ほか数か国が同様の税制を導入する方針を発表している。ＥＵとしても、これらの国の動きに押される形で、デジタル課税導入に向けた議論を進めてきているが、域内の利害の対立で合意に至るのは容易ではない状況である。

また、ＥＵは市場の競争性確保の観点からも目を光らせている。17年6月にグーグルに対し検索サイトの不公正な運用につき制裁金を課したほか、18年7月にもグーグルに対し、他社製アプリを不当に排除したとして制裁金を課している。19年2月にはドイツ当局がフェイスブックに対し、支配的地位の乱用による利用者情報の収集を改めるよう命じた。

個人情報保護の観点からは、フェイスブックから8700万人分の個人情報が英国のデータ分析会社に不正流出した問題が注目を集めた。流出した個人情報は、16年の米国大統領選挙でトランプ陣営のために利用された疑いも持たれている。この件では、18年10月、英国がフェイスブックに罰金を課した。ＥＵはこれまでの規制では不十分であるとして、18年5月に厳格な個人情報保護のルールとして「一般データ保護規則（ＧＤＰＲ）」を定めた。これは個人情報の取得や処理方法、ＥＵ域外へのデータ移転などを規制し、企業に厳格な管理を求めるもので、違反すると制裁金を課されることになっている。(5)

日本でも同様の観点からの規制強化が検討されている。これまでは、電気通信事業者に対する規制の観点から総務省が、ＩＴ産業に対する規制・支援の観点から経済産業省が、競争性の確保の観点から公正取引委員会が、個人情報保護の観点から個人情報保護委員会がそれぞれに対応してきたが、19年10月には、デジタル市場競争本部が設置され、より全体的な視点から総合的に調整し巨大ＩＴ企業に対する規制を検討していく体制が整備された。この会議における議論をふまえ、20年5月に巨大ＩＴ企業を規制する新法（特定デジタル・プラットフォームの透明性及び公正性の向上に関する法律）が成立したほか、同年中に個人情報保護法の改正、独占禁止法による規制強化といった総合的な対策が具体化される見通しとなっている。

ＧＡＦＡの母国である米国は、このような規制強化に基本的に後ろ向きの姿勢をとってきた。実際、トランプ大統領は、ヨーロッパなどにおけるデジタル課税の動きに強く反発している。フランスのデジタル課税について言えば、19年12月、米側はフランスへの対抗措置として制裁関税を課す方針を表明、フランス側が20年末まで徴税を停止することとなった。米国はさらに20年6月、ＥＵ、英国など10か国・地域についても、制裁の可能性を念頭に調査を開始すると表明した。

その米国でも、18年12月、前述のフェイスブックによる個人情報流出事件で、米当局がフェイスブックに対し賠償金や罰金の支払いを求める訴えを起こし、19年7月、フェイスブックが米連邦取引委員会（ＦＴＣ）に50億ドルの制裁金を支払うことが決まった。これとは別に、19年7月以降、米司法省、ＦＴＣ、および各州の司法当局が、巨大ＩＴ企業に対し、反トラスト法に違反する行為がないかなどの調査を開始することを表明しており、米国政府の姿勢にも変化が見られる。19年3月に、20年大統領選への立候補を表明していたエリザベス・ウォーレン上院議員が、市場の競争環境を取り戻すことを念頭に、「アマゾン、グーグル、フェイスブックを解体する」と表明し、同じく同党から立候補していたバーニー・サンダース議員もこれに同調するなどしており、このような民主党側の姿勢が現政権に対する揺さぶりになっている可能性もある。

「リブラ」vs金融当局

これらに加え、金融面での規制も喫緊の課題として浮上してきている。これまで、ＧＡＦＡ

は、グーグルペイ、アップルペイ、アマゾンペイといった決済サービスを提供しているが、19年6月、フェイスブックが暗号資産（仮想通貨）「リブラ」の発行を計画していると発表した。米ドルやユーロ、英ポンド、円などを裏付け資産として発行するという点において、価値が乱高下するビットコインなどの暗号資産と一線を画すが、世界に約27億人の利用者を有する巨大企業が発行する暗号資産がどのような影響を及ぼすか不透明であり、各国政府が警戒を強めている。民間企業が利用者の購買行動全般にわたるプライバシーに幅広く触れることとなるほか、マネーロンダリング（資金洗浄）やテロ資金供与に使われる可能性、さらには国際金融の安定に及ぼす影響など、さまざまな懸念が持たれている。

リブラについては、アフリカのような銀行網が脆弱な地域における決済や送金における有用性が指摘されているが、そのような限定的な範囲であっても、マネーロンダリングやテロ資金供与の抜け道に使われる可能性がある。また、利用者や利用範囲が全世界で格段に広がれば、各国金融当局による金融政策の効果が減退する可能性があるほか、逆に、フェイスブックが国際金融秩序に大きな影響力を及ぼすことになる可能性も懸念される。

このため、フェイスブックによる「リブラ」発行計画の表明以降、米国の金融当局やＩＭＦのほか、Ｇ７やＧ20の場においても相次いで懸念と警戒が表明されている。フェイスブック側も、米国の規制当局が承認するまでは、世界のどの地域でもリブラを発行することはないとし、状況の鎮静化をはかっている。また、フェイスブックは、中国が人民元の国際化とともに、デジタル人民元の発行計画を進めていることを引き合いに出し、リブラはこれに対抗して国際金融における米国のリーダーシップを強化することができると強調している。(6)

この状況は、各国がその主権に基づく行為として、国境の中、あるいはユーロ圏の中において発行してきた通貨の原則を大きく超えるものである。国境にとらわれずに、民間企業が世界的に通用する通貨を発行するのである。裏付け資産を有さないこれまでの暗号通貨とは異なり、主要通貨を裏付けとすることによって、安定した通貨として利用しうるようになる一方、逆に裏付け通貨とされた通貨を発行する国家の主権に挑戦するものとなる。

OECDによる課税ルールの策定

このように、国境を越えて利益を追求し、さらに商取引の事実上の秩序形成を行うIT大手企業に対し、主権国家がそれぞれの立場、国益を踏まえて規制を強化し、コントロールを確保しようとしている。ただ、主権国家が各々に取り組むという状況は、国家間で規制の強弱を生むことになるため、企業側がその差異を利用し、つけこむ可能性がある。

課税については、OECDが国際的ルールを策定すべく議論を開始し、20年までに結論を得る方針となっており、19年10月には原案が公表された。支店や工場などの物理的な拠点がなくとも、売上高の大きさと、売上高に対する営業利益の割合（営業利益率）が一定の基準を超える多国籍企業に対しては、関係国が法人税を課税できるようにするとされ、IT企業のみならずすべての業種の企業を対象とすることが検討されている。GAFAを抱える米国が、IT企業のみをターゲットにすることに抵抗し、すでにこの原案作成の段階から影響力を行使していることが伺える。

OECDは同時に、各国が定める法人税の最低税率を規制することを検討しており、これまで法人税率を低くして巨大企業を呼び込んできた中小国の反発も予想される。この問題は、明らかに国家間の利害が対立する問題であり、今後の検討の難航も予想される。

主権国家の併存という国際社会の現実が、この状況にいかに対応できるかが問われている。

領域国家を相対化するサイバースペース

情報科学技術の進展は、経済活動の飛躍的変化による領域超越性に加え、「力」の体系である安全保障面でも質的変化をもたらしている。それは、経済面での状況とは全く異なる態様で生じている。

人間生活のあらゆる部分がインターネットに依存しているということは、この依存手段を攻撃すること——サイバー攻撃——がますます有効になっていることを意味する。どこの国でも、安全保障にかかるシステムや情報はインターネットから遮断され、慎重に構築・管理されている。それでも攻撃の可能性を全て排除することはできない。職員が、机上に置かれたUSBメモリーを中身確認のためパソコンに差し込むだけで、ウイルス感染を招く可能性さえある。

そもそも、国の安全保障にかかる活動が民間の活動と完全に切り離されているわけではない。空港や鉄道などの交通インフラや発電・送電などのエネルギー・インフラ、さらに技術の開発にかかわる研究所など、政府と民間の双方にまたがる施設や活動が広く存在する。それはまた、自国のみならず同盟国も含めた広い範囲での話である。そのような施設や活動にかかるシステムは、世界全体を動かす動脈となる経済・社会システムであり、インターネットから遮断するわけにもいかず、国の安全保障システムなみのセキュリティを施すことも現実的には困難であろう。また、すでに述べたように、クラウド上で個人や企業に関するデータの蓄積も進んでおり、それを操作、悪用することも技術的に可能になっている。

例えば、日本の送電システムをハッキングして在日米軍の活動に影響を与えることもできる。もちろん、一定期間は基地内の自家発電でバックアップできるが、日本の経済・社会の混乱も含めて、米軍の活動に及ぼされる悪影響は軽視できない。また、燃料や食料の補給ルートを混乱させることで、前線の戦力を阻害することも可能である。さらに、軍の艦船の航行海域において、他の漁船やタンカーのGPSや制御能力をハッキングすることにより、艦船との衝突を引き起こすなど、航行を妨害することも可能となる。このように、ネットワーク上の最も脆弱な箇所を選んで攻撃することで、多大な効果を発揮する。いずれかの国ないし非国家主体がある国を攻撃しようとする時、サイバー攻撃は非常に有用な手段となっているのである。

また、こうした攻撃は、実行場所を選ばない。伝統的な安全保障の概念では、地政学的要素が重視された。脅威の種類・大きさとともに、その脅威と自国領域との地理的関係が重要な要素であった。それは、攻撃手段が通常兵器であろうと核兵器であろうと、物理的な物体が領域に届くか、少なくとも音波や衝撃波が物理的に到達することが、攻撃の効果として必要だったからである。しかしながら、物理的な到達を要しないサイバー攻撃は、地球の裏側からでも、あるいは宇宙空間からでも実行することが可能なのである。

さらに、伝統的な軍事動向が、多くの場合は衛星からの監視によって捕捉できるのに対し、物理的な動きが限定されるサイバー攻撃については、その動きを物理的に捕捉するのはほぼ不可能である。サイバーの領域においては、軍事的な動きと日常的な動きの差異は、プログラミングの中のわずかな差異であることが多く、それもプログラマーの意図によるものなのか単純な間違いなのか、ほぼ特定不能である。

キッシンジャー元米国務長官は、この状況につき、次の通り述べている。

「サイバースペースから出現した脅威は、漠然としていて、明確な形がなく、出所を突き止めづらい。ネットワーク化された通信は、社会、金融、工業、軍事セクターで普及し、絶大な利益をもたらす面がいろいろある。脆弱性も根本的に変化した。たいがいのルールや規制をしのぎ（当然ながら、多くの監督機関の技術面についての理解も超え）、さまざまな面で、かつて哲学者が予想したような自然状態を創りあげ、ホッブズの言葉を借りれば、政治的秩序を創造する原動力を授けた。(7)」

このように、物理的動向と別次元で行われる攻撃に対し、従来のように自国の領土・領海を物理的に防御する安全保障とは別次元の安全保障が必要となる。それは、これまで物理的・絶対的に存在してきた国境が相対化されることを意味し、ここでも、領域に基礎を置く主権国家が併存する「国際秩序」は揺れ動いているのである。

3　移民・難民が価値観を惑わす

国境を越える人の往来と国家主権

グローバル化にともなって国境を越える人の移動が飛躍的に拡大していることも、国際秩序に影響を及ぼしている。物理的な人の移動を支える交通手段の発展は新しいものではないが、経済活動のグローバル化は必然的に人の移動を拡大させる。グローバリゼーションによる経済的恩恵を最大化するため、人やモノの移動を妨げる国境をなくす、あるいは低くする取組が行われており、これが人の移動を促進している。また、潜在的な渡航先についての情報の流通がＳＮＳなどによって飛躍的に拡大することにより、個人の旅行や移住にむけたインセンティブがますます強まっている。

国境を越える物理的な人の往来が活発になれば、受入れ国側の国境の中で維持されていた治安に対し何らかの影響を及ぼすことになる。また、自国民を送り出す側の国から見れば、自らの治安維持の権限が及ばない場所で自国民が危険に遭遇する可能性がある。グローバリゼーションの進展はこの問題に飛躍的な量的拡大の影響を及ぼしているが、これは質的な変化ではない。経済活動や情報が瞬時に地球の裏側まで届くとしても、人の移動はあくまで物理的なものである。量的、速度的な飛躍的変化はあっても、SF映画にあるような瞬間移動装置でも出てこないかぎり、質的変化をもたらすものではない。そのため、国による出入国管理、国境管理や領事関係を通じた自国民保護活動など、伝統的な領域国家を単位とした秩序維持が引き続き有効に機能している。

異文化の接触

ただし、そのような人の流出・流入が急激に拡大する場合、直接的な治安への影響とは別の問題も引き起こす。それが一時的な旅行者であれば、ホテルに泊まり、レストランで食事をし、観光スポットをめぐり、お金を使ってくれるので、歓迎される。しかし、難民・移民として外国人が入国することとなると、人々の日常生活に影響を与える。さらにそれが大挙して入国するとなると、受入れ国側の世論にも影響を与え、その価値観に変動をもたらす可能性がある。特に、人権を重視するリベラルな価値観にネガティブな影響を与える可能性があり、したがってその価値観にもとづく秩序形成にもネガティブな影響を与えかねない。

国境を越える人の移動は、必然的に異なる文化同士の接触、交流を生じる。意図せずとも、異なる生活様式や慣習が相互に違和感をもたらすことがあり、場合によっては不快感や危機感につながることもある。それは、人権や民主主義といった普遍的価値を共有しているかどうかという話ではない。単純に、生活習慣の違いというのは普通に存在しており、その相違がもたらす感覚である。

そのような移動が小規模な場合は、入国する側が新しい社会に適合する努力を求められ、周囲の住民に気を遣わせることにはなろうが、社会への影響は大きくない。異質なものに対する許容度はその社会によって異なるが、流入が徐々に増える場合には、問題の広がりとしては認識されづらい。しかしながら、それが何らかの事情により急速に拡大する場合には、受入れ側の物理的な体制も整わないであろうし、何よりも社会の仕組みへの影響が大きい。受入れのためには、国民の税金を原資とした国や自治体の予算による経済的負担が大きくなる。また、人によっては、当該国民としてのアイデンティティの危機を覚える人もいるであろう。そうなれば、社会として移民・難民に対する拒否感が高まることは十分に考えられる。そのことは、国境を開く方向に動いていたリベラリズムの考え方を否定するか、少なくともブレーキをかける方向に作用しうる。

欧州難民危機の衝撃

その顕著な事例が、近年ヨーロッパが遭遇した難民危機である。中東・アフリカにおける「アラブの春」の後退以降、これらの地域からヨーロッパへの難民が増え始め、特にシリアの内戦やテロ組織「イスラム国」の急速な台頭は、ヨーロッパへの難民の劇的増加をもたらした。10年まではEU各国への難民認定申請は毎年合計30万人に満たなかったが、ピークの15年には126万人に達した。(8)

このことは、それまで難民受入れについてリベラルな姿勢を示してきた国の政権に大きな打撃を与えることとなった。「自由」と「民主」を掲げるヨーロッパ諸国にとって、難民の受入れは、その価値観の反映として当然の帰結であった。内戦やテロ組織から逃れてきた善良な市民を追い返すことは、リベラル民主主義の行うべきことではない。しかしながら、この難民危機によって、その高潔な精神が大きく傷つけられてしまったのである。

ヨーロッパの中でも、特にドイツやスウェーデンは従来から難民に対して寛容な姿勢を示してきた。難民の側でもその事情を承知してか、ドイツやスウェーデンで難民認定をしてもらおうとする難民が多かった。EUにおける難民受入れの規則を定めるダブリン規則では、難民が最初にEUに入域した国において難民認定審査を行うこととなっているが、多くの難民は、最初に入国したイタリアやギリシャは素通りし、認定率の高い国を求めて北上した。ドイツには、15年におけるEU全体での難民申請126万人のうち3分の1以上の44万人が押し掛けた。

ドイツは、ヨーロッパの中では比較的経済状況が良く、12年に0・49%だった経済成長率は16年には2・24%まで回復、失業率も09年に7・74%だったのが16年には4・12%まで改善していた(17年は3・75%)(9)。このことがアンゲラ・メルケル首相率いる政権に対する支持を安定的なものとしていたが、15年をピークとする難民の大量流入が状況を一変させたのである。

難民の大量流入に直面しても、メルケル首相は難民に寛容な姿勢を継続した。メルケルは、「多様性を歓迎する。ドイツは移民の国になろうとしている」(15年6月)、「抑圧された人々、内戦から逃れてきた人々は歓迎される」(同年8月)、「外国人が希望を持てる国であることを幸せに思う。ドイツの歴史を考えれば、とても価値のあることである」(同年9月)と、受入れに積極的な姿勢を繰り返し表明した。しかしながら、あまりに急速な難民の流入はドイツ国民の不安を呼び、このようなメルケル首相の方針は支持を失っていった。これを受け、12月、メルケル首相は方針を軌道修正し、「大規模な難民流入は繰り返してはいけない」とし、難民数を減らす方針を打ち出したが、趨勢としての支持率低下を変えることはできなかった。

この結果、17年9月の総選挙において、メルケル首相の率いる中道右派のＣＤＵ／ＣＳＵ（キリスト教民主・社会同盟）は第一党を維持はしたものの、議席数は選挙前の３０９議席から２４６議席に大幅に減少することとなり、連立を組むＳＰＤ（社会民主党）も１９３議席から１５３議席への大幅減となったのである。

選挙後は5か月に及ぶ連立交渉の末、ＣＤＵ／ＣＳＵとＳＰＤの連立が維持されることになったが、難民に特に寛容な姿勢をとる中道左派ＳＰＤと難民の影響を強く受ける南部バイエルン州の地域政党であるＣＳＵの板挟みとなった。ジレンマに陥ったメルケル首相はリーダーシップを発揮できず、ますます支持を失っていき、18年12月のＣＤＵ党首選出馬を見送り、現在の首相任期を全うした上で首相を退任することを表明した。

18年9月のスウェーデン議会選挙においても、主要政党に対抗する極右政党スウェーデン民主党が躍進した。スウェーデンにおいては、多様性を重視する中道左派の社民党が、約一世紀にわたり政権を維持し、難民に寛容な姿勢をとってきた。しかし、難民流入がピークを迎えた15年には、ヨーロッパ全体の難民認定申請数126万人のうち12・4％にあたる16万人がスウェーデンに流入した。中東からの避難先としては最も遠隔な国のひとつであり、その避難ルート上には有望な難民受入れ先であるドイツがあるにもかかわらず、これだけの数の難民がスウェーデンまで押し掛けたのである。これは、15年の1年間だけでスウェーデンの人口の1・6％にあたる数の難民が流入したことを意味する。

反移民を訴えるスウェーデン民主党は、このような状況を背景に勢力を伸ばしてきた。10年に国政で初めて議席（20議席）を獲得し、14年には49議席、18年は62議席を獲得したのである。依然、中道左派連合（144議席）や中道右派連合（143議席）には遠く及ばないが、従来の二大政党体制に入り込む第三極としての存在感を示すこととなった。

中東からの難民がハンガリー経由で流入するオーストリアでも、難民対策が大きな議論になった。オーストリアにおいては、冷戦時代から社民党と国民党という左右二大政党が大連立を組んで政権を運営してきたが、16年4月の大統領選挙では、フォアマン首相の難民対策が批判を受け、連立与党の候補者が決選投票に進めなかった。この時は、緑の党候補が与党と協力し、極右自由党の候補をようやく下すことができたが、続く17年10月の議会選挙では、強力な難民抑制方針に軌道修正した国民党と元来反移民の自由党が勢力を伸ばし、国民党が第一党、社民党が第二党となり、自由党は社民党に肉薄する第三党となった。[10] その結果、国民党と自由党による右派連立政権が誕生した。ここでは、既成の大政党である国民党が政権を維持したが、反移民の極右政党である自由党が政権与党の一角に食い込むこととなり、このことはヨーロッパに大きな衝撃を与えた。[11]

オランダにおいては、ピークの15年にEUの中で6番目に多い難民が流入した。経済状況が比較的良好であるにもかかわらず、[12] 17年3月の総選挙において、それまで連立与党を組んでいた中道右派の自由民主国民党と中道左派の労働党という二大政党が大きく議席を減らし、代わって極右と言われる自由党が大きく票を伸ばし、第二党へと躍進した。[13] 辛うじて第一党の立場を維持した自由民主国民党（ルッテ首相）が、連立を組みかえて政権を続投することとなったが、既存の大政党に対する失望とともに、反イスラムやEU離脱を訴える自由党の排外的姿勢がオランダ国民にアピールしたことは明確であった。

債務危機に追打ちをかけた難民危機

グローバル化の進展による格差拡大がリベラルな価値に疑問を生じさせていることについては後述するが、研究者の中には、格差拡大よりも、この難民危機こそがリベラリズムや既存のエスタブリッシュメントに対する反発をもたらした最大の要因とみる向きもある。

ブルガリア出身の政治学者イワン・クラステフは近著「アフター・ヨーロッパ」において以下のとおり述べている。

「世論がリベラリズムに反対する方向に転換した理由は、経済危機や社会の不平等が拡大したことよりも、リベラリズムが移民問題に対処しなかったことにあった。リベラルなエリートが、移民について議論したりその帰結に対処したりすることができず、またそのような意思もないことや、さらに現存の政策はいつもポジティブ・サムであるという主張は、多くの人にとって、リベラリズムを偽善と同義語とすることになる。このようなリベラルなエリートの偽善に対する反乱によって、欧州の政治的な展望は根本的に作り直されつつある。

……普遍的な市民権は、二つのうち一つが起こることを必要とする。すなわち人々が、仕事とより高い生活水準を求めて無条件に移動する自由を享受するか、あるいは国家間の莫大な経済的・政治的格差が消滅し、あらゆる場所で人々が等しく普遍的な権利を享受できるか、のいずれかである。しかしながら、これらのうちどちらかが現実となることは、すぐには起こりそうもない。……移民（難民）危機は、リベラリズムに対して、その哲学の中心にある矛盾を突きつける。われわれの普遍的権利は、われわれが不公平に自由でかつ繁栄する社会の市民としてそれら権利を行使するという事実とどのように調和できるのか。[14]」

確かに、移民・難民の増大が受入れ国側の国民の価値観に影響することは否定できないし、移民の受入れ政策が「いつもポジティブ・サムである」とは到底言えないだろう。ただし、この難民危機こそがグローバリゼーションのもたらしたアンチ・リベラリズムの最大の要因というよりは、むしろ、グローバリゼーションの流れの中でリベラリズムを堅持していくことの困難さをこの難民危機が示したということであろう。

ヨーロッパが見舞われた難民危機は、いろいろな一時的要因が重なって生じたものであり、グローバリゼーションから必然的に生じたものと見ることは難しい。単純に高い生活水準を求める人の自由な移動がこのように急激に増大したわけではなく、また国家間の格差がすぐには解消されないことに人々が突然気づいたわけでもない。

15年前後の難民の急激な増大は、シリアの内戦や「イスラム国」の急速な台頭が最大の要因であり、グローバリゼーションの必然の結果とはいいがたい。[15] 難民の移動手段も、徒歩や木造船など、現代的な移動手段の進歩とは無縁のものであり、悪質なブローカーに食い物にされたり、地中海で難破して命を落としたりと、実に悲劇的であった。

とはいえ、この、ある意味一時的な要因によって生じた難民危機が、社会的不平等の拡大や異なる文化・生活様式の混在という現実に対応する難しさを突きつけたという側面はある。リベラリズムの精神により国境をオープンにしておくことが現実問題としていかに困難であるか、リベラルな価値観を維持することがどれほどの試練を伴うか、高潔な精神の維持が現実と適合することの難しさを示したと言える。前述した各国におけるリベラルな価値の後退はそれを示している。

異なる生活様式や文化に接することは、違和感や不快感、危機感につながる可能性があると同時に、一方で、そうした異なる価値観に対する寛容さをはぐくみ、多様性を受け入れる考え方を促すこともある。自国の国境の中で多様な文化と触れ合うことが、長い目で見れば、国境を越えた共感や共同体意識の醸成にも積極的な効果を生む可能性がある。そうすれば、むしろ「自由」と「民主」のバランスのとれた世界を築くことにつながると言える。

ただ、そのためにはある程度の心の余裕が必要であることも確かである。債務危機の影響が長引き、生活や精神の面で追い込まれている人々にとっては、自らを防御するため異なる文化を「異物」ととらえ、拒否反応を示すことは致し方なかったのかもしれない。15年前後以降のヨーロッパへの大量の難民流入が、債務危機の影響が長引く中で起きてしまったことが、その影響を大きくし、寛容な精神よりも自らの防御を優先する姿勢を生んでしまったといえる。

4 「共通の敵」が求める地球的連帯

新型コロナウイルスの猛威

20年、世界は新型コロナウイルスの猛威にさらされた。中国湖北省武漢から広がったこの感染症は、アジアからヨーロッパ、中東、北米、中南米、大洋州へと地球的規模で拡大した。その感染国は20年2月末時点で50か国を超え、4月には全世界のほぼすべての国に広がった。感染者数は増加を続け、6月末の時点で1000万人を超え、50万人以上の死者を出している。武漢の医師が最初にこの新型肺炎の発生について警鐘を鳴らしたのが19年12月30日であり、その後数か月での感染拡大の猛威である。この医師も2月7日に感染により亡くなった。3月以降、中国では感染状況が収束に向ったが、ヨーロッパ、さらには米国にその中心が移り、まさに世界的パンデミックとなった。

このパンデミックに打ち克つために、人々は経済社会活動を抑制せざるを得なくなった。外出を控え、文化・スポーツ・イベントは自粛に向かった。多くの学校が閉鎖され、各国は外国人の入国を制限した。世界に張り巡らされたサプライチェーンも寸断された。世界経済は需要・供給の双方でマイナスのショックを受け、株価は急落した。我々の経済社会は極度に停滞せざるを得なかった。20年夏に予定されていた東京オリンピックは、オリンピック史上初となる延期を余儀なくされた。

ヒト、モノ、サービス、カネ、情報がグローバルに動き、それによって世界が動くようになれば、その基礎となるさまざまな環境が良好な状態に保たれることが何より重要になってくる。経済社会のシステムがそれに対応することが必要なのはもちろんであるが、そもそもの自然環境や公衆衛生、治安など、人々の生命、健康が適切に守られるための条件を実現し、維持することがまずは必要である。何らかの事情により、その条件が崩れれば、瞬く間にその影響が世界全体に及ぶこととなる。新型コロナウイルスの及ぼした影響は、グローバル化が我々をそうした状況においていることを如実に示すこととなった。

地球温暖化の脅威

コロナウイルスのように急激に我々の経済社会に影響を及ぼさなくとも、確実に壊滅的な影響を及ぼす方向に向かっているのが地球温暖化の問題である。感染症のように緊急性が認識されづらいが、地球温暖化による惑星規模での生活環境の悪化は、今や喫緊の課題となっている。これもまた、前項までに述べた事象とは違う形で、主権国家からなる国際社会に変化を求めている。

地球温暖化の問題は、世界人口の増加やそれぞれの国における経済社会の高度化、エネルギー消費の拡大により、意図しない形で人の活動の「影響」が国境を越えるようになったものと言える。その意味で、全く異なる性質をもったグローバリゼーションとも言うことができる。

欧米やアジアの先進国においては、急速な経済発展の影響で、60年代以降、工場からの排水や排煙により、各国内で公害が深刻になっていった。これらの問題は、大気汚染や水質汚濁、土壌汚染など、その周囲において直接的な健康被害や生活環境の悪化をもたらすものであったため、基本的に加害国がすなわち被害国であった。そのため、自国において必死になって対策に取り組んだ。しかしながら、今や、そのように身近な範囲で悪影響を直接に及ぼすことのない排出物が、地球全体として見た時に大きな悪影響を及ぼすとして問題視されている。主として二酸化炭素の排出である。この、普通に人間の周りに存在していて何ら健康を害さない気体が、地球に対する温室効果を持つとされ、その排出拡大が地球規模において環境、生態系に影響を及ぼしていると認識されている。

こうした問題は、個別の国家がバラバラに対応できる問題ではない。意識の高い国が、進んで二酸化炭素排出量の削減に取り組んだとしても、他の国がその努力にフリーライドするだけである。そうなればどの国もまじめに取り組まない。したがって否応なしに国際的な協力が不可欠になっている。

「共通の敵」に直面する世界

この、世界にとって「共通の敵」、すなわち世界の「全員が被害者」という構図は、核戦争の恐怖と類似している。核戦争による直接的な被害者は核兵器を撃ち合った当事国かもしれないが、引き続く甚大な放射能汚染の拡大と世界経済社会の混乱により、地球上の全員が被害者となる。ただ、核戦争においては、一挙に明確にその被害が訪れるのに対し、地球温暖化は、ゆっくりと、しかし着実に被害が進行するという違いがある。

核兵器については、主たる潜在的加害者である米国とソ連が、核不拡散条約によって規定された核軍縮努力の義務を踏まえ、二国間で交渉を進め、核軍縮を行った。地球温暖化対策でも、主たる潜在的加害者である米国（CO^2排出量世界第二位）と中国（同第一位）が二国間で交渉を行い、後述の枠組み条約締約国で策定されたパリ協定への同時批准を実現し、イニシアティブをとる動きが一時見られた（その後トランプ米国大統領が脱退を宣言したのに対し、中国は協定にとどまる立場をとり、それをアピールすることで自らのモラル面での立場を強めようとする動きも見せた）。

地球上の全員が被害者となるということは、その事態が生じないようにすることが、全人類にとっての普遍的目標であることを意味する。国際政治学者ヘドリー・ブルは、このような問題は、国際的・国家間的正義ではなく、また個人的・人間的正義でもなく、世界市民的・世界的正義にかかわるものであるとし、以下のとおり述べている。

「世界的共通善の観念は、『主権国家から成る社会』の共通の目標や価値に関連するものではなく、むしろ、直接個々の人間を構成員とする『全人類から成る普遍的社会』の共通の目標と価値に関連している。このような観念は、あたかもそのような世界市民的・世界的社会が、すでに存在しているかのように語られたり書かれたりしている現代の多くの議論の中に、間接的に示されている。したがって、戦略的問題や軍備管理問題の議論において、一般的核戦争のことを、たんに主権国家から成る社会にとっての災難であり、個別的人権の侵害であると語られるばかりではなく、人間生活もしくは人間文明そのものへの脅威であると語られることも、まれではない。……生態系の問題や環境問題の議論においても、まさに今なされている基本的訴えかけは、国家間の協力とか個々の人間の権利・義務を訴えることではなく、自分たちが直面している新しく困難な特定の生態学的・環境上の問題に対して、人間として立ち向かう全人類的な連帯への訴えかけである。[16]」

ここで実現すべきものは、まさに「全人類から成る普遍的社会」の共通の目標と価値なのである。それは、あたかも自律的な個々人を単位とする人類社会を志向するものであり、個々人の「自由」の前提たる全人類の存続とそのための世界規模の「民主」的統治を求める要求なのである。

変化を求められる「国際社会」

しかしながら、現実問題としては、この人類共通の目標と価値は、現在の主権国家から成る国際社会の構造において実現する以外に方法はない。主権国家が主体となっている世界の経済開発・社会発展のあり方を軌道修正するのは、主権国家自身でしかないのだ。そこでは、人類共通の目標と価値を共有してはいても、それを実現するために如何に自国の負担を最小化するかという国益概念が行動原理とならざるをえない。

92年に採択された気候変動枠組み条約にもとづき、95年以降毎年締約国会合が開かれ、主権国家間の交渉が行われている。そこでは、開発途上国が、先に経済発展を遂げた先進国による膨大な二酸化炭素の排出が世界に悪影響を及ぼしたと非難するなど、南北対立の様相にもなっている。15年の締約国会議（COP21）で採択されたパリ協定において、産業革命前からの世界の平均気温の上昇幅を「2度を十分に下回り、1・5度に抑える努力をする」との目標が定められ、各国がそれぞれに定めた対策を実施することが求められている。このような全体としての目標には合意することができても、具体的な主権国家ごとの対策はなかなか進まないのが実情である。

パリ協定の具体的実施が始まる20年を控えた19年9月、各国首脳を集めた気候サミットが開催されたが、そこまでの時点では、77か国が2050年までに温室効果ガスの排出を実質ゼロにすることを約束した。近年、猛暑や異常気象にみまわれ、温暖化対策の必要性を強く実感しているヨーロッパの多くの国はここに含まれているが、パリ協定からの離脱を表明している米国や、それ以外の主要排出国である中国、インドなどは含まれておらず、目標達成が危ぶまれている。

この問題では、人類全体の生存という究極の「人類益」が国ごとに分割されることができないがゆえに、国ごとの義務と対応させることが困難になっているのである。かつての公害問題に対し、すべて自国の問題として真剣に取り組んだ経験とは全く異なる構造である。個々の人間の集まりとしての全人類の存続という価値の追求に対し、国ごとの仕切りの中で利益を最大化しようとする民主主義機構が矛盾をきたし、合理的な取組に結びつくことが困難になっている。

逆に言えば、ここでは、我々の共通の家である地球そのものが、国家を単位とする「国際社会」に新たな段階に進化するよう求めていると言える。自由に経済活動を拡大させてきた結果として存在する「共通の敵」を前に、そこに確かに存在する全人類的価値と主権国家の相克が見られるのである。

感染症との闘い

新型コロナウイルスをはじめとする感染症も、間違いなく人類共通の敵である。言うまでもなく、感染症そのものはグローバル化によって発生するものではないが、グローバル化された人間社会によって、感染の世界的拡大を招来しやすいという脆弱性がもたらされているのである。感染症に打ち克ち人類の生存を維持していくことは、「全人類から成る普遍的社会」の共通の目標と価値となっている。

感染症は、地球温暖化問題と異なり、おおもとの原因部分に対処することは困難である。温暖化の原因となるCO_2の発生を抑制する取組は可能であっても、新型感染症のウイルスの出現を防ぐことはできない。一方で、感染症は基本的には人の移動と接触によって広がる。温暖化を防ぐためにCO_2が流れることを止めることはできないのに対し、感染症については、人の動きをコントロールすることで、その広がりを抑制することができる。そのため、各国の出入国管理による水際対策や感染者の保護・隔離といった措置がまずは重要になる。

その意味において、感染症対策では、各主権国家がそれぞれに取組を行うことで相応の効果を発揮できる。各国の最も重大な関心事は自国民の保護であるが、まずはこの自国民保護というある意味で利己的な目的で適切に行動することが、同時に世界における感染拡大を防ぐことにもつながるのである。

情報の透明性

筆者はかつて海外における邦人保護という観点から新型インフルエンザ対策の策定に関与

したことがあるが、その際にも指摘されたことは、何よりもまず重要なのは情報の透明性ということである。戦うべき敵が何者かわからなければ、各国とも戦いに勝つことはできない。新たに発生したウイルスのようなものは、どのような威力があって、どのような対策が有効なのか誰にもわからない。発生初期の感染状況から可能な限りの推測をおこない、有効と思われる対策を手探りでとっていかざるをえない。

しかしながら、発生源が中国のように情報統制が厳しい国である場合、国際的な情報共有は非常に困難になる。中国のような権威主義的な国家の場合、国民の間に「無用の混乱」を招かないためにも、情報を選別して公表することが通常である。また、地方の当局が公表した方がよいのではないかと考えても、北京の了解がとれなければ公表できず、情報公開が滞ることも容易に想像できる。コロナウイルスに関しては、ある段階からＷＨＯの専門家も入り、中国と共同で調査が行われたが、初期の段階で十分な情報公開がなされていなかったとの批判がある。また、中国は、検査で陽性であっても発症していない感染者を感染者数に含めず、少なめに感染者数を公表しているとの指摘もある。

各国における感染者への対応は、どうしても人権抑制的なものとなる。感染者の移動や他者との接触は最低限に抑えられなければならない。したがって、その具体的にとるべき対策については、各国政府がその民意のコントロールをうけながら、その責任と権限で行う必要がある。しかしながら、その前提となる情報の共有については、ＷＨＯに一層の責任と権限が与えられてもよい。とくに発生源となった国の状況については、より直接的にある程度の強制力をもってＷＨＯが関与して情報の収集・公表を行うことが期待される。

国境を越える閉鎖空間

今回クローズアップされた問題として、クルーズ船の問題がある。感染拡大の初期にちょうど運航していたクルーズ船において感染が拡大してしまった。日本発着のダイヤモンド・プリンセス号、香港発のウエステルダム号、ハワイからサンフランシスコに向けて航行していたグランド・プリンセス号などがそれである。

例えば、ダイヤモンド・プリンセス号は日本政府が横浜港に停泊させて検疫を行い、乗船客の国籍国との調整により、一か月以上をかけて最終的にすべての乗客・乗員の下船まで対応した。日本政府は、緊急時における国際協力の観点と自らの水際対策のために積極的に対応したが、そもそも、この船の船籍は英国であり、運航会社は米国企業である。乗客の多くは日本人であるが、その他の国籍の乗客も多かった。このような場合における船内での感染症への対応や乗員・乗客の保護の責任がどの国にあるのか、国際法上明らかではない。旗国でも船舶の運航会社の所在国でもない国が、領海・内水にその船が入ったとたんに、事実上すべての対応を行わざるを得なくなるようなことが適切か、疑問が生じている。各国の水際対策という意味で国境の役割は大きいが、逆に国境の存在が国境を越える移動手段に関する柔軟な役割分担を難しくしている側面がある。実際、香港発のウエステルダム号は最終的にカンボジアが受け入れるまで数か国で入港を拒否されるなどしている。

最終的な勝利に向けて

中国から始まった新型コロナウイルス感染症は、次いで欧米にその主要舞台が移り、5月以降ようやく欧米においても収束の兆しが見えてきた。しかし、経済社会の活動再開にともなって感染の第二波が来るおそれもあり、さらに今後中南米、アフリカなどの開発途上国での感染拡大が懸念される。最初の段階として、グローバル経済により深く組み込まれている主要先進国が大きな影響を受け、それら先進国がその高い医学的知見と経済力をもって封じ込めを行ってきた。しかし、経済的に困窮し、医療技術・設備ともに劣る国々にコロナウイルスの刃が向かえば、それらの国は自力で立ち向かうことはできない。これまでは、各国が国家主権の枠内で自国民を守るために利己的に行動することで、それが同時に協調した世界的取組につながったが、次第にその様相は変わってくる。世界共通の敵が開発途上国に逃げ込むのである。国家主権を越えた共同体としての協調が試されることとなる。

コロナウイルスについては、今後医学的な分析とともに、治療薬やワクチンが開発され、また、各国政府・WHOの対応のあり方について検証が行われていくと思われる。感染症の問題は、ひとたびそれが発生すれば、あらゆる人間活動に急激かつ深刻な影響を及ぼす。グローバル化によって人の往来が飛躍的に増大している状況は、同時に感染症の拡大を促進することになっている。主権国家の壁を活用した水際対策と封じ込めが一義的には重要であるが、ウイルスを地球上から駆逐するまで闘いは続く。「共通の敵」に立ち向かうために、情報の適切な共有、保健・衛生体制が不十分な国への協力、治療薬・ワクチンの開発と流通などにおいて、国家主権の枠を相対化させていく必要が生じている。

（1）日産自動車ホームページhttps://www.nissan-global.com/JP/COMPANY/

（2）ダニ・ロドリック『グローバリゼーション・パラドクス——世界経済の未来を決める三つの道』（柴山桂太・大川良文訳）白水社2014 p39-40

（3）ビクター・マイヤー＝ショーンベルガー／トーマス・ランジ『データ資本主義――ビッグデータがもたらす新しい経済』（斎藤栄一郎訳）NTT出版2019 p190・193

（4）EUは、16年8月アイルランドに対しアップルからの追徴を命令し、17年10月にルクセンブルクに対しアマゾンからの追徴を命令した。

（5）一般データ保護規則（GDPR）に基づき、18年10月、アイルランド当局がフェイスブックに対する調査を開始したほか、19年1月にはフランス当局がグーグルによる個人情報の不適切な取扱いを問題視し、制裁金の支払いを命じた。

（6）19年10月、フェイスブックのマーク・ザッカーバーグCEOが米国議会公聴会において発言。

（7）ヘンリー・A・キッシンジャー『国際秩序』（伏見威蕃訳）日本経済新聞出版社2016 p390

（8）EUROSTATによるEU各国における難民認定申請者数統計：13年43万人　14年56万人　15年126万人　16年121万人　17年65万人。各国における難民流入数も同統計による。

（9）OECD, *Economic Outlook 2020* (June 2020)

（10）国民党50議席→62議席、社民党52議席→52議席、自由党38議席→51議席

（11）その後、19年5月、自由党党首がこの選挙にてロシア関係者から不適切な選挙協力を受けていた疑惑が浮上。連立政権は解消され、19年9月の解散総選挙にて自由党は支持率を落とすこととなり、20年1月、国民党と緑の党の連立政権が誕生した。

（12）経済成長率16年2・21％、17年3・16％、失業率16年6・01％、17年4・84％であり、経済格差も比較的小さい（ジニ係数16年0・285、相対的貧困率16年0・083）（OECD, *Economic Outlook 2020* (June 2020)）

（13）自由民主党40議席→33議席、労働党35議席→9議席、自由党12議席→20議席

（14）イワン・クラステフ『アフター・ヨーロッパ――ポピュリズムという妖怪にどう向きあうか』（庄司克宏監訳）岩波書店2018 p28-32

（15）世界経済の停滞と格差拡大によって、経済発展から取り残された人々が社会への不満を抱き、イスラム国の呼びかけに呼応してそのテロ活動に参加したという側面は、別の問題として指摘しうる。

（16）ヘドリー・ブル『国際社会論――アナーキカル・ソサイエティ』（臼杵英一訳）岩波書店2000 p107

第三章

暴走し始めた「自由」

CHAPTER 3

1　経済格差は拡大する

自由主義経済の広がりと疑問

冷戦の終結により、自由主義陣営による人権重視の「価値」が経済発展を促し、人々に十分な「利益」をもたらすことが示された。しかしながら、近年、グローバル化がさらに進展する中で、このまま自由主義経済を追求していくことが、本当に「すべての人」に十分な利益をもたらすのかという疑問が生じている。これは自由主義の「価値」そのものに疑問を投げかけるものともとれる。

利益を追求する自由な経済活動は、冷戦終結によりある種のお墨付きを得て、さらに広がっていくことになった。それは一国の内部のみならず、国境を越える貿易においても然りであった。こうした経済活動の拡大は、利益追求の取引を進めれば進めるほど世界全体の経済発展につながるとする自由貿易理論に裏打ちされていた。この理論は、東西冷戦中、西側世界における交易関係拡大の理論的支柱になっていたが、冷戦終結で一層の説得力を増し、経済活動のグローバル化がますます進展することになった。

一方で、社会主義国家がより重視した「公平」という価値が否定されたわけではない。冷戦終結とともにソ連型の社会主義は衰退したが、中国やベトナムのように、共産党指導体制を維持しながら市場経済を導入して経済発展を続ける国もある。

すでに述べたように、個人の自由は尊重されるべきであるが、それは同時にあらゆる個人に対して平等に保障されなければならない。そしてその際、自由を実質的に保障するには経済面での裏付けが必要である。それも最低限の「衣食」が足りればよいというわけではなく、自由な経済活動による利益が公平に分配されてこそ初めて自由と平等が実現することを意味する。しかしながら、近年、この公平性の観点から、現在の自由主義経済の進展に疑問の声が上がっているのである。

自由主義経済の公平性と不公平性

もともと、自由主義経済は数字としての利益追求を原動力とするため、「客観的」である。客観的に利益を求めることで、人種や宗教、性別などの違いを超え、様々な人を平等につないでいく。社会的な因習や歴史的な経緯などにもとらわれず、社会に貢献する人のところに利益をもたらし、対価を支払う人のところにモノやサービスをもたらす。社会階層や差別、不透明な特権やしがらみといったものから人々を解放する方向に作用するのである。したがって自由主義経済は、そういった「経済外」の要素に対して非常に平等に作用し、社会を平等で公平なものに近づけていく側面がある。

一方で、「経済内」についてはどうであろうか。経済活動の動機は基本的には富の総量を拡大することにあり、その結果として、拡大した富を分配することになる。そして経済の理論からすれば、その分配の割合は富の拡大への貢献度に応じて決まり、それこそが公平な分配となるはずである。

しかし、現実には、富の総量が拡大する際に、「すべての人」の富が拡大するわけではない。人と人の間には、生まれつきの能力や資質に違いがあり、それが経済活動において有利になる場合と不利になる場合がある。自由主義経済は客観的であるがゆえに、そのような有利・不利がそのまま経済的な有利・不利に反映される。あるいはその差異が一層強調されて反映されることもある。また、ある時点で世の中に必要とされる能力を持ち、それが富の拡大につながったとしても、世の中が変化することでその能力が必要とされなくなり、活躍の場を失う人も出てくる。

つまり、世の中全体の合計としては富が拡大することになっても、個々には富が拡大する人もいれば、縮小する人もいるのである。これをよしとするには、富が縮小する人に対して何らかの手当が必要な場合があろう。自由主義経済のもとで自由のもたらす恩恵が、かえって不公平の拡大を招かぬよう制御し、軌道修正することが必要なのである。この修正の度合いをどの程度にするのが最適なのかは、資本主義社会において100年近くにわたり議論されてきた重大な課題である。

資本家と労働者の不平等

フランスの経済学者トマ・ピケティは、13年にフランスで発行され、ベストセラーになった著作『21世紀の資本』において、資本家と労働者の不平等を指摘している。歴史的にみると、経済成長率より資本収益率が長期的に上回っているという。資本収益率は、利潤、配当金、利息、貸出料などのように、資本から入ってくる収入のことである。ピケティは、過去200年以上のデータを分析し、資本収益率は平均で年に5%程度であるが、経済成長率は1%から2%の範囲で収まっていることを膨大なデータを用いて解説している。(1)

これはすなわち、自由な経済活動を続ければ続けるほど、資本家と労働者の経済格差が拡大することを意味している。もちろん、この世の中は、資本収益を得る資本家とそれ以外の労働者というように、きれいに二分できるわけではない。低所得の労働者や年金生活者であっても、いくらかの貯金をして利子収入を得ることはあるであろう。その限りにおいて、そのような低所得者もそれなりの資本収益率の恩恵にあずかっているわけであるが、その金額の規模は、高額所得者に比べれば、ごくわずかである。生活費以外に投資に回すことができる余剰が圧倒的に多い高額所得者が、この資本収益の恩恵を多分に受けているのである。

さらに、同じ資本収益でも、そこに投入できる絶対額が大きければ大きいほど、効率的・効果的な資産運用ができるのは明らかである。この点については、ピケティも指摘している。

「1000万ユーロの持ち主は10万ユーロの持ち主に比べて、または10億ユーロの持ち主は1000万ユーロの持ち主に比べて、資産管理コンサルタントやファイナンシャル・アドバイザーを雇えるだけの財力が大きいこと、このような仲介者が、平均ですぐれた投資を見つけ出せるなら、ポートフォリオ管理にも「規模の経済」が存在して、大規模なポートフォリオには高い平均収益率がもたらされる可能性がある。(2)」

また、税制度においても資本家が優遇されることが多い。資本収益に対しては、国によって、全く非課税となっていたり、課税されても、金額の多寡にかかわらず、定率の課税がなされていたりする。日本の場合であれば、資本収益に対する課税は定率の20・315％とされているため、資本収益が収入の大部分を占める高額所得者は税負担が少なくてすむという実情がある。17年の申告納税者についての国税庁の調べでは、年収1億円までは所得税負担率が上がっていき、平均で最高28％の負担率となるものの、年収1億円を超えるとこの平均の負担率は下がっていき、年収100億円超では16・7％の負担率となっている。(3) もちろんここには各種所得控除等も影響しているが、資本収益の課税上の優遇が大きく影響し、所得税の最高税率45％を定める累進課税制度の趣旨を大きく逸脱する状況になっている。

ピケティは、欧米において同様の状況が見られることを述べた上で、次のとおり述べている。

「資本所得は累進課税からほとんど除外されているのだ。この免税の影響は、資本ストックに対する（きわめて累進的な）課税による効果よりも大きい。……もし社会階層のトップでの課税が将来もっと逆進的になったら、富の格差動学への影響はたぶんかなり大きなものになり、きわめて高い資本の集中をもたらすだろう。(4)」

富裕層はますます富を蓄えられるのである。

格差拡大の現実

14年にOECDが経済格差と経済成長の関係についての報告書を出している。OECDの分析では、大半のOECD諸国で、過去30年間で富裕層と貧困層の格差が最大になっているという。人口比率上位10％にあたる富裕層の所得と下位10％の貧困層の所得を比較すると、80年代には、前者が後者の7倍であったのに対し、14年時点の最新データでは9・5倍に達している。また、格差を測るジニ係数も、80年代半ばには0・29だったのが、11／12年には0・32となり、格差拡大の方向に3ポイント上昇したことが指摘されている。各国ごとにみても、データ入手可能な21か国のうち16か国でジニ係数の上昇（格差拡大）が見られた。(5)

世界の所得と富の分配にかかるデータベースを整備しているWorld Inequality Database（WID.world）によれば、世界の所得額トップ1％に入る高額所得者の所得が全ての人の所得に占める割合は82年の時点ですでに15・6％となっている。それがさらに上昇し、07年に22・1％を記録、リーマンショック後に低下したものの、16年は20・4％となっている（トップ10％では、82年48・2％、04年55・5％、16年52・1％）。これに対し、下位50％の所得者の所得が全体に占める割合は、82年8・4％、16年9・7％と、極めて低い水準となっている。この結果蓄積された資産について見ると、全世界についてのデータはないが、米国では資産額トップ10％に入る資産家が米国全体の個人資産の実に73・0％を保有しており（14年）、英国ではこれが51・9％（12年）、フランスでは55・3％（14年）となっている。(6)

格差は現に存在し、そしてさらに拡大しているのである。

また、この富裕層と貧困層の立場が入れ替わることは基本的にはない。資本家として資本収益を上げた富裕層は、それを再投資して資本収益をさらに拡大する。そうして築き上げた資産は相続され、その子孫は半ば永続的に富裕層であり続ける。逆に多くの労働者は、大きな収益を得ることがないため、大きな投資をすることもなく、この状況は子々孫々にわたって変わらない。こうして経済格差はますます拡大再生産されることとなる。

前述のＯＥＣＤの報告書は、教育面での悪影響に注目し、それが悪化しながら子孫に伝わると述べている。ＯＥＣＤの分析では、所得格差が拡大するにつれ、低学歴の両親を持つ個人の人的資本が悪化する傾向にあるという。具体的には、所得格差がジニ係数で6ポイント悪化すると、低学歴の親を持つ子の教育水準は、中程度の学歴の親を持つ子の教育水準との格差の約40％に相当する水準の低下が見られると分析する。不利な状況に置かれた個人の教育機会が損なわれることで、社会的流動性の低下や技能開発の妨げとなり、経済成長にも悪影響を及ぼすという。

技術革新の要因

もちろん、グローバリゼーションと格差拡大が同時に進行していることのみをもって、グローバリゼーションが格差拡大の主原因であると断定することはできない。しばしば指摘されるのが、技術革新の影響である。ある新技術が開発されることにより、不要となる技術・技能を活用して生活していた人（多くの場合、単純労働者である）は生活の糧を失うことになり、一方で、新技術に対応するスキルのある人間が高収入を得ることになる。ゆえにこうした技術革新も、所得格差につながりうる要素と言える。ただし、グローバリゼーションが技術革新を生み出すこともあるし、その逆に、技術革新がグローバリゼーションを促進することもある。その意味において、技術革新が生み出す経済格差も、グローバリゼーションと無縁ではない。

ＯＥＣＤは11年の報告において、「グローバリゼーションが格差拡大の主たる原因として議論されてきた」としたうえで、05年から08年に発表された複数の研究者による数字上の分析では、貿易の拡大が格差の拡大と縮小の双方の影響をもたらしていると総括している。その上で、OECDの08年の報告において「賃金格差の拡大の要因として、緊密な貿易統合よりも技術革新の要素がより強い促進要因となっている」としたことを引用しつつ、「しかしながら、実際には、技術革新とグローバリゼーションの傾向は、ともに技能の価値を高めるものであり、両者を区別することは難しい。技術の進歩は、例えば、経済活動の細分化や生産活動のオフショア化につながる背景となっている。」と分析している。(7)

OECDの分析は、技術の進歩によってサプライチェーンをグローバルに展開することが可能になり、企業が世界中の最安の原材料、最安の労働力、さらには最安の法人税を求めるようになるため、もともとの国内産業が空洞化することで、労働者が仕事を失うことに着目している。

さらに言えば、貿易の自由化は、国家間の技術的な優位性の差やその変化の影響を、直接に相手国に及ぼすことを可能にする。ある技術に関して優位にある国との貿易が自由化されるということは、国内でその分野の技術革新が起こるのと同様の意味合いを持つのである。

例えば、ある産業において技術力に差のあるA国とB国の間で、貿易が自由化されたとしよう。その場合、技術力の劣るB国はその産業を縮小し、輸入を拡大することになる。逆にA国とB国に技術力に差がなく、貿易が自由化されているとしよう。ある時A国において新たな技術が開発されると、途端にその影響はB国に及び、B国の関連産業は衰退することになる。いずれの場合も、B国の関連産業にかかわる人々の生活は窮状におちいる。この時、関税や補助金によって国境にゆるやかな壁が存在していれば、そのショックを和らげることが可能であろう。その意味において、技術革新とグローバリゼーションは、相互に関連しながら、各国内の産業構造の調整を引き起こし、人々の生活にプラス、マイナス双方の影響を及ぼすのである。

グローバル化により自由な経済活動のボリュームや範囲が拡大すれば、ますます大規模に富の分配が行われると同時に、その過程で、比較劣位に置かれた産業が淘汰され、比較優位にある産業に置き換わるプロセスが生じる。その際、たまたま自分が比較優位にある産業に属していたらよいが、そうでなければあっという間に仕事を失うこともある。この点については、貿易によってであれ、技術革新によってであれ、不要となる産業や技術の状況に変わりはなく、またそれらが相互に関連している以上、両者の影響を区別して論じることにあまり意味はない。しいて言えば、取りうる対策として、グローバリゼーションを抑制することはあっても、技術革新を抑制することはあり得ないということだろう。格差が技術革新から生み出されていると主張することにより、グローバリゼーションの抑制が無意味であると主張するのは難しいと言わざるを得ない。

構造調整の被害者

労働者個人のレベルで見れば、自分の能力がそのまま新しい仕事に対応できるのか、転居等も含めて自らの生活環境を簡単に変えることができるのか、といった困難に突き当たる。そのような構造調整、特に労働市場の流動化が成し遂げられたとしても、それまで全く経験したことのない仕事につかなければならなくなった労働者の収入が増えることはまずない。自由化された貿易によって、より安価でよい品物が手に入るようにはなるかもしれないが、リストラ・転職による収入の低下に比べれば、わずかな恩恵である。

デビッド・S・ランデス・ハーバード大名誉教授は、著書『「強国」論』の中で、「国際競争はプラスの足し算ゲームなのか」という疑問を投げかけ、次のとおり述べている。

「貿易による利益は平等ではない。歴史を見ればわかるとおり、利益を上げる国もあればそうでない国もある。ある者には相対的に有利でも、みんなが同様に有利なわけではないし、実利的で生産的な活動があれば、そうでないものもある、というのが主な理由だ。……雇用の輸出入は、商品の貿易とは違う。理論上は、どちらも同じかもしれないが、人のもたらす影響力はまったく別だ。……市場が信号を発したからといって、人間が適時、適切な対応をとれるとは限らない。うまくやる人もいれば、そうでない人もいる。こうした差を生み出すのは、文化の違いだ。(8)」

2　金融自由化が格差を加速

投資家にとって最小限のコスト

自由な経済活動によってもたらされる試練は、貿易の自由化に加えて資本取引の自由化が進められることによって、ますます厳しいものとなっている。資本の移動は、実体的なモノの生産、貿易、消費の活動よりも極端な増減を見せることが多い。変動相場制における為替レートの頻繁な乱高下はこの状況を端的に示している。経済の実体的な基礎的条件が変わっていなくとも、有力者の発言などのわずかな出来事で、投資家が抱くイメージが大きく変わり、大きな資本移動を生じる。

そもそも、貿易が自由化され、比較優位、比較劣位にもとづく構造の調整が行われるとしても、それほど頻繁にその優位性、劣位性が変わるわけではない。また、貿易を拡大するには、原材料の入手ルートの拡大、労働者の確保、生産設備の拡充などへの新規投資が必要であるため、相手国での需要の安定性、輸送費・保険料などのコストをも踏まえた上で、ある程度長期的に利益を上げられるという見通しが必要になる。したがって、自由貿易による経済への影響は、各経済主体による慎重な長期的見通しのフィルターを経て実現する。そのため、いったん貿易自由化措置がとられ、その影響がひと段落した後は、その構造が急激に変化するということはないはずである。

これに対し、資本取引の場合には、これにブレーキをかける要因はごく限られている。そのため、わずかな利ザヤを目ざとく捉えた一時的な投機が頻繁に行われる（ＩＴの発展による高速取引の急速な拡大はこれをさらに促進している）。有望な投資先というのは、その経済活動をより拡大させるべき潜在性があるからこそ、投資を拡大する価値があるのであり、それが資本という資源の最適な配分を意味している。しかしながら、わずかな取引費用で行われる投資という活動は、その「有望な投資先」の実態としての優位性の度合いを大きく上回って集中的に行われる傾向がある。そしてある時、ある僅かな兆候により、それまでの投資が過大であったことに気づく（または、過大であったと認識を変える）と、投資家たちは一気に資金を引き揚げにかかる。

「雨が降ると傘を取り上げる」

大きな資本移動が生じるということは、株や為替を含む投資対象商品の価値を大きく変動させて、そこに投資していた投資家にとって莫大な利益ないし損失を生むことになる。それは、投資家らが自らのリスクとして引き受けていたことであるから、受忍せねばならないかもしれない（いや、それらの投資を証券化して販売する金融機関から、そのリスクも十分に説明されずに、購入させられた年金生活者は責める対象から除外せねばならない）。しかし、それは同時に、実体的な経済活動を行っていた企業や個人から、突然の貸しはがしを行うことにもなり、そこに大きな影響を及ぼす。

もちろん、これは国内金融においても起きていることである。業績の悪化した中小企業が、大銀行から突然の融資の回収を受けてあえなく倒産する。「銀行は、晴れている時に傘を貸し、雨が降ると傘を取り上げる」と揶揄される。国境を越えた金融の自由化は、このようなことが非常に大きな規模で生じ、その影響が容易に国境を越えて伝搬することを意味する。それにより、通常の経済の上昇・下降の局面をさらに乱高下させることにつながる。それは国家レベル、あるいは世界レベルでの経済停滞にもつながり、大規模なリストラ、倒産を生じ、必要以上に不幸な人をつくり出す。

また一方で、「大きすぎて潰せない」大銀行には、公的資金が注入され、税金によって富裕層が救われることが多々ある。利ザヤを求めて無節操な融資を行ってきた富裕層が救われるのに対し、傘を取り上げられてどしゃ降りの経営難に見舞われることになった中小企業は、「十分に小さくて潰れても問題がない」とみなされ、倒産するか、労働者がリストラにあう。このような不条理を受け入れがたいと感じる人が、ますます多くなっている。

国の内外で広がる格差

グローバル化により、格差は国境を越える形で発生・拡大することになるが、この格差は、得をする国、損をする国という形で生じることがある一方、それぞれの国内における格差をも拡大することになる。グローバル化は、単に生産物の取引の範囲が拡大するのみならず、生産体制の世界的広がりももたらす。資本家は世界各地に支社や工場を設け、世界の最も安価な労働力を調達できるようになる。そのため、先進国内の労働者は職を失うか、または世界最安の賃金に甘んじなければならなくなる。もちろん、これは極論である。現実には、労働の質の問題や生産工程の効率の問題などから、そこまでの状況にはならないが、その「底辺への競争」の圧力が絶えずかかることになる（北米自由貿易協定NAFTAの改訂交渉において、米国のトランプ大統領がメキシコにおける最低賃金の条件にこだわったことが想起される）。(9)

経済全体がある程度のペースで拡大している時には、たとえ所得に格差があっても、労働による対価をある程度得られ、ある程度の伸びが得られるため、社会全体として不公平感はあまり認識されない。実際には、資本家はその数倍の伸びで莫大な富を手にしているわけだが、中低所得者も自らの収入と生活に対する満足が得られているため、格差についての不満はあまり募らないものである。しかしながら、経済全体の成長が大きくないと、格差の下層にいる人々の生活苦はきわめて深刻になり、資本家による労働者の搾取という印象が強まり、不満が蓄積されていく。

08年のリーマンショック以降の世界的経済停滞は、このように格差の下層で苦しむ人々に一層苦しい生活を強いてきた。いつかは大きく経済が回復・成長する時が戻り、また収入が上向いてくると信じてきた。しかしながら、その日はいつまでも訪れず、人々の不満を極限まで高めることとなったのである。

（１）トマ・ピケティ『21世紀の資本』（山形浩生・守岡桜・森本正史訳）みすず書房２０１４

（２）同右ｐ４４７

（３）国税庁「申告所得税標本調査」（２０１９・２月公表）
https://www.nta.go.jp/publication/statistics/kokuzeicho/shinkokuhyohon/top.htm

（４）ピケティ前掲書ｐ５１８

（５）ＯＥＣＤ雇用労働社会政策局「特集：格差と成長」（２０１４・12月）

（６）WID.world, *World Inequality Database*, https://wid.world/（書籍版邦訳：世界不平等研究所『世界不平等レポート２０１８』（徳永優子・西村美由紀訳）みすず書房２０１８）

（７）OECD“Divided We Stand: Why Inequality Keeps Rising”（2011）pp.24-26

（８）デビッド・S・ランデス『「強国」論——富と覇権の世界史』（竹中平蔵訳）三笠書房２０００ｐ４９２

（９）ＮＡＦＴＡは、再交渉の結果、米国メキシコ・カナダ協定（ＵＳＭＣＡ）として改訂され、20年7月に発効。そこでは、自動車を自由貿易の対象とするためには、時給16ドル以上の労働者による生産割合が、車種によって40～45％であることが条件のひとつとされた。

第四章

「民主」による抵抗

CHAPTER 4

1　エスタブリッシュメントの拒絶

トランプ現象

長引く経済の停滞と格差の拡大によって蓄積した労働者の不満は、近年の各国政治のレベルにおいて、既存のエリートやエスタブリッシュメントを拒絶するという形で強烈に噴出している。

19年6月、米国のトランプ大統領は、二期目を目指し、20年の大統領選挙に出馬することを正式に表明した。その演説の中で、以下のとおり述べた。

「我々は共に、腐敗し衰弱した政治的エスタブリッシュメントをにらみ倒し、人民の人民による人民のための政府を復活させた。我々の国は繁栄し、著しく成長している。率直に言って、信じられない高みに上っている。」

この発言は、自らがエスタブリッシュメントを倒すためのアウトサイダーとして支持を集め、大統領に選ばれたことを明確に意識したものであった。トランプは不動産王であり大富豪である。その意味では明らかに「勝ち組」なのであるが、もともと政治家ではないことや、それまでの常識にとらわれない主張、品のない言動のため、むしろ現状に変革をもたらしてくれるのではないかと期待されたのである。実際問題として、16年大統領選挙の民主党候補であったヒラリー・クリントンは元大統領夫人で前国務長官でもあり、明確なエスタブリッシュメントであった。トランプに対してだけでなく、選挙戦で多くのアウトサイダーに注目と期待が集まったことを考え合わせれば、米国民がエスタブリッシュメントを拒絶していることは明らかである。

16年11月の米国大統領選に向けては、オバマ政権与党の民主党と政権奪還を目指す共和党とでは対照的な様相を呈した。前年15年の前半頃、民主党はすでにヒラリー・クリントンが、その圧倒的な人気・知名度から大本命の位置についていたのに対し、共和党は明確な本命が不在の大混戦であった。

こうした状況が、15年夏頃から変わってきた。民主党では、クリントンの全般的な優位は変わらなかったが、バーニー・サンダース上院議員が一定の支持を集めるようになった。(1)クリントンが厳然たるエスタブリッシュメントに属する候補者であるのに対し、サンダースは政治家ではあるものの、自らを社会主義者と自任し、格差是正を強力に主張する姿がアウトサイダー的な色彩を帯びており、現状の変革を熱望する若年層や低学歴者、低所得者層の支持を集めたのであった。

共和党においては、15年夏には明確にアウトサイダーへの期待が高まっていた。[2] 脳神経外科医ベン・カーソンと、急浮上した不動産王ドナルド・トランプという、アウトサイダー同士の対決が候補者争いの軸になったのである。トランプは当初から、ヒスパニック系移民や女性、重鎮議員（マケイン上院議員）に対する侮辱的発言を繰り返し、党内主流派からはひんしゅくを買っていたが、その率直な物言いが、既存のエスタブリッシュメントに不満を持つ米国民にアピールしていた。この年の9月にワシントンポスト紙とＡＢＣテレビが共同で行った世論調査では、共和党支持者の60％が、次の大統領には政治家よりアウトサイダーの方が好ましいと回答した。

15年の年末までにトランプが独走態勢に入ると、[3] トランプに対して強い拒否感を抱く共和党主流派のエスタブリッシュメントは、クルーズ議員やルビオ議員といった候補を強く支援し、この流れに抵抗した。特に、ブッシュ元大統領およびブッシュ前大統領がトランプを強く批判していたほか、新任の共和党ホープであるライアン下院議長も不支持を表明していた。また、共和党有力者の中には、トランプが本選に進んだ場合にはクリントンに投票するとまで発言する者もいた。

しかしそれも、大きな流れを変えることにはならなかった。両党における予備選挙が各州で相次いで行われる中、両党の候補者は淘汰されていき、5月には共和党候補としてトランプが、6月には民主党候補としてクリントンが、それぞれ確定した。

秋のテレビ討論においても、トランプの過激な発言は続いた。クリントンがトランプを「大統領に不適格」と断じれば、トランプはクリントンを「なんて嫌な女だ」と吐き捨てた。選挙結果を受け入れるかとの質問に、トランプは討論会で明言を避け、翌日には「私が勝てば結果を受け入れる」などと発言し、民主主義国家の大統領として、文字通り「不適格」であることを証明したような格好になった。

3回のテレビ討論会の合間には、トランプの過去の女性に対する猥褻発言も暴露され、明らかにクリントン優勢で討論会は終了した。米国の選挙予測サイトなどでは、クリントン当選の確立が8割を超えたと予測した。一方で、驚くべきことにトランプも40%以上の支持率を維持した。社会の上層部に反発する白人労働者・低学歴者層は、どんな暴言にも、どんなスキャンダルにも惑わされないという、その強固な姿勢が伺われた。

11月8日、大統領選挙の当日、投票所の出口調査の結果報道と開票速報が進むにつれ、多くの「常識的な」人たちは驚愕した。開票状況に応じた選挙人獲得数の割合は、トランプ優位に進んだ。多くの有識者が、そのうち反転するだろうと思っていたものの、開票率が上がっていってもその状況は変わらず、トランプ大統領誕生が確定した。最終的な結果は、得票数ではクリントンがトランプを上回った（クリントン48・02％、トランプ45・93％）が、選挙人獲得数ではトランプ候補306人（実際に投票した選挙人数は304人）、クリントン候補232人（同227人）となり、トランプが勝利した。粗野なアウトサイダーが上品なエスタブリッシュメントを下したのである。

この選挙戦を振り返ると、言うまでもなく、自国第一で国際協調抑制、保護主義、移民敵視のトランプが最終的に勝利したことが最も衝撃的であるが、同時に、「常識」にとらわれず、これまでの考え方を自由に拒否するような多くのアウトサイダーが支持を集めたことが注目される。予備選挙の段階で、共和党においては、主流派の後押しにもかかわらず、議員の候補が存在感を示すことができず、トランプや脳神経外科医のベン・カーソンが支持を集めた。民主党においても、サンダースの善戦が目立った。民主党の中でも極端な左寄りの姿勢は、議員でありながらも、ある種のアウトサイダーであった。このようなアウトサイダーたちの善戦は、エスタブリッシュメントを拒絶する気持ちが米国民の中で広がっていることを意味するものであった。

フランス・マクロン政権の誕生と帰趨

このエスタブリッシュメントの拒絶という現象は、トランプ大統領誕生に続き、ヨーロッパにも広がっていった。難民危機の影響で現任期限りでの退陣を余儀なくされているドイツ・メルケル首相（第二章3参照）のほか、フランスにおけるマクロン政権の誕生や、イタリアにおけるコンテ政権の誕生がそれである。

17年4月から5月にかけて行われたフランス大統領選挙においては、無所属のマクロン大統領が選出された。エマニュエル・マクロンは、オランド政権下において14年から経済大臣を務めていたが、16年4月に政治団体「前進」を結成し、8月に経済大臣を辞任していた。同年11月、マクロンは「私は空疎な政治システムを目の当たりにした。既存政党は全体の利益を考えず、自らの利益を追求している」と述べ、大統領選への出馬を表明した。彼は、既成政党に対する批判の声を上げつつも、親EU姿勢をとり、自由主義経済を支持した。このような前例のない無所属候補（この時点で「前進」は政党ではなかった）に対し、当初二の足を踏むフランス国民もいたが、社会党政権下での閣僚ポストを自ら辞して体制を飛び出し、自らをアウトサイダーと位置付けて既成政党批判を展開したマクロンの姿勢が、フランス国民の目に鮮烈に映った。

そもそも左派社会党のオランド大統領政権の経済運営の拙さから、社会党の支持率は低かった。オランド大統領は就任当初60％程度の支持率を得ていたが、経済が上向かない状況の中で徐々に支持率を落とし、政権後半にはおおむね10％台で推移した。結果、オランド大統領は二期目への出馬を断念するに至った。現在のフランス第五共和制において、一期限りで再選に出馬しない初めての大統領となったのである。一方で、野党右派ブロック共和党のフィヨン候補も、家族に不正に給与を支払っていた疑惑が浮上し、徐々に支持率を落としていった。

フランスにおいては、これまで右派、左派の二大ブロックの流れを汲む政党のいずれかが政権をとってきたが、ここに至って、その二大政党のいずれもが候補者を大統領に当選させるどころか、決選投票に進出することさえかなわない事態になった（後述のとおり、決選投票はマクロン対国民戦線ルペンとなった）。

しかし、誕生後のマクロン政権の帰趨は皮肉なものであった。経済を上向かせるための対策は、庶民の目には、いずれも金持ち優遇の対策と映った。企業の国際競争力を高めるための法人税減税もそうであり、労働市場を流動化して失業率を下げるための労働規制の緩和も企業優遇と受け取られた。マクロンが国際協調姿勢、親ＥＵ政策をとったことも、その印象を強めた可能性がある。この結果、マクロンの大企業出身、元閣僚という経歴がむしろ強調され、そのイメージは反エスタブリッシュメントから親エスタブリッシュメントに大きく転換した。18年11月の燃料税引き上げの発表によって、このような世論に火が付き、反政府デモが長期間継続することとなった。

マクロン大統領に対する支持率は下落の一途をたどり、大統領選直後の64％から18年末には23％まで落ち込んだ。マクロン大統領は19年1月から市民との対話集会を重ね、4月には、自身の母校であり、エリティズムの象徴とも見られてきた国立行政学院ＥＮＡの廃止を発表するとともに、50億ユーロ規模の所得減税を発表するなど、国民からの支持回復に努めている（支持率は8月までに34％まで回復した後、年末までほぼ横ばい）。[5]

イタリア既成政党の否定

18年3月に行われたイタリア総選挙においても、歴代政権を担ってきた中道左派、中道右派勢力が政権を追われることとなった。この選挙の争点として、経済対策と難民対策のあり方、その関連でEU、ユーロに対する姿勢が問われることとなった。これは、フランス、ドイツとある程度共通する。ただし、イタリアは欧州債務危機によって直接的な打撃を受け、その後の回復に苦しんでいる国であり、また、中東、アフリカからの難民が流入する玄関口ともなっているため、より一層これらは深刻な社会問題であった。

イタリアは、経済規模ではEU内でドイツ、英国、フランスに次ぐ第4位の規模であり、EU単一市場の恩恵も受けてきている。その一方で、09年以降の欧州債務危機によって深刻な経済停滞に陥り、成長率の低迷、失業率の増大に苦しんできた。経済成長率は09年にマイナス5・48％を記録した後、ゼロ成長付近で低迷し、17年にようやく1・57％まで回復してきたが、失業率は14年以降回復傾向にあるものの17年の時点で依然11・21％であり、EUの平均7・62％を大きく上回っていた。一方で、公的債務はGDP比で150％を超えており、EUから厳しく緊縮財政を求められているため、大規模な財政出動による景気浮揚は困難な状況であった。

イタリアでは、歴史的に短命政権が多く、頻繁に政権交代が起きているが、近年もその例外ではなかった。債務危機発生時の首相であったシルビオ・ベルルスコーニは、汚職スキャンダルにまみれ、特段の危機対応も行えないまま、11年に辞任した。次いで、経済的な困難の中でEUの求める緊縮財政政策を進めるという政治的に困難な任務を請け負ったのは、学者出身のマリオ・モンティであった。モンティ首相は、緊縮財政を果敢に推進したが、不可避的に国民の反発を招き、13年年頭をもって辞任した。

その後は、まさに政争の様相を呈した。モンティ辞任を受けた2月の総選挙で、中道左派と中道右派の大連合によってエンリコ・レッタ政権が誕生するが、8月にベルルスコーニに脱税による有罪判決が出ると、ベルルスコーニは自らの議員資格停止を避けるべく政権批判を展開した。結局、11月に上院でベルルスコーニの議員資格停止が可決されるが、その後もベルルスコーニは圧力を継続し、レッタ首相は辞任。次いで14年2月に誕生したレンツィ首相もベルルスコーニの圧力にさらされ、最終的に憲法改正の国民投票（16年12月）に首相生命をかけたが、国民の支持を得られず、辞任した。これを受けて、レンツィと同じ民主党のジェントリーニ外相が中継ぎの首相となり、18年の総選挙を迎えることとなった。

このような露骨な政争の展開と経済対策の遅れは、イタリア国民の政治に対する不信感を大きく増大させた。イタリア国民としては、EUも信頼できない、イタリア政治も信頼できない、そういう状況で迎えた総選挙であった。その結果、中道右派が第一勢力につけたが、連立を組むことができず、後述のとおり、新興の排外主義政党に政権を譲ることとなったのである（第五章1参照）。

政治リーダーへの不信の広がり

米国の調査会社ピュー・リサーチ・センターの18年春の世論調査によれば、選挙で選ばれたリーダーや議員が普通の人々の考えを気にかけているかという問いに対し、ヨーロッパ諸国の61％、米国の58％の人が否定している。また、米国の69％、ヨーロッパ諸国の48％の人が、ほとんどの政治家は腐敗していると回答している。(6)

さらに、米国を対象とした調査では、政治リーダーが、他の分野（科学者、軍人、宗教家、メディア、ビジネス）のリーダーとの比較において、最も人々の信頼度が低いことが判明しており、同時に、政府が全ての人の便益を考えずに、一部の有力者が自らの利益を求めることによって動かされていると考えている人が76％に達していることが明らかになっている。(7)

このような政治的エスタブリッシュメントに対する不信感が、欧米における多くの政治的動揺の背景にあることが伺える。

2 グローバリズムの拒否

国際協調より国民による統治

格差拡大に苦しむ人々の不満は、エスタブリッシュメントを拒絶するとともに、グローバリズムを拒否している。

18年9月の国連総会演説において、米国トランプ大統領は、以下のとおり述べた。

「米国は米国民によって統治される。我々はグローバリズムのイデオロギーを拒絶し、愛国主義の行動原理を尊重する。世界中で、責任ある国々は、主権を脅かす脅威から防衛しなくてはならない。グローバルな統治からだけでなく、新しい形の抑圧や支配からだ。」

トランプ大統領は、グローバルな統治は主権を脅かす脅威であるとしてグローバリゼーションを拒否する姿勢を明確にしたのである。

この演説を待つまでもなく、トランプ大統領が進めてきた政策は、グローバリゼーションに対する徹底的な否定を示していた。TPP（環太平洋パートナーシップ協定）をはじめとする多国間の貿易協定の拒絶、関税の引き上げとそれをふまえた二国間協定の再交渉、パリ協定に象徴される地球環境問題にかかる国際的取組への非協力、イラン核問題のように多国間で進めてきた協力からの離脱、難民・移民の受入れの制限などである。

これらの政策は、トランプ大統領自身の個性による部分もある。ビジネスマンとして自らの利益を最大化することを目指して生きてきたことで恵まれた生活を実現した自らの経験から、国としての経済的利益を最大化することを求めている。国際関係においても、経済的利害、貸し借りの関係を第一に考え、安全保障もそのコスト負担の公平性を第一に考える。国と国の関係は、その関係の安定や長期的友好関係よりも、現在の貿易収支で評価する。その非常に個性的な部分に注目が集まり、次の大統領選挙で大統領が変われば、また米国は元に戻ると楽観する人も多い。

しかし、最大の問題は、トランプ大統領の個性にあるのではない。そのような個性的な大統領を生み出した、米国民の民意にあるのである。トランプの進めてきた政策とそれに応じた世論の支持の状況を見ると、米国民の民意の傾向を把握することができる。

国際協調との現実的妥協

トランプ大統領の国際問題に対する姿勢は、当初軟化し現実的な対応をとる場面が多く見られた。トランプは、大統領選後の勝利宣言において、「常に米国の利益を第一とするが、どの国とも公平につきあう。敵意や摩擦ではなく、ポジションの共有、パートナーシップを求めたい」とし、米国の国益と国際協調をバランスしていく姿勢を強調した。

中国との関係について言えば、選挙中は、中国との貿易不均衡、中国の為替操作を強く非難していたが、就任3か月後の米中首脳会談後には「中国は為替操作国ではない」と発言し、少なくとも為替操作問題については完全に立場を変えた。また、就任前に、「なぜ『一つの中国』政策に拘束されなければならないのか」と発言していたのに対し、2月の習近平主席との電話会談では「一つの中国」政策を尊重すると言及した。

同盟国との関係については、選挙戦中に「日本が米軍の駐留経費負担を増やさなければ米軍を撤退させることもありうる」と述べていたが、17年2月の日米首脳会談では、「日米の非常に重要な同盟関係の更なる強化にコミットしている。この同盟は太平洋地域の平和と安定の基礎だ」とし、ここでも現実的な路線に転換した。

気候変動問題に関しては、選挙活動中にパリ協定からの離脱を訴え、就任後、17年6月、最終的に同協定からの脱退を表明するが、そこに至るまでには相当な逡巡が見られる。当選後の政策表明や就任後の発言、大統領令において、エネルギー産業の規制緩和は進めたものの、パリ協定の問題については口を閉ざしていた期間が長かった。

中東政策についても、同じような経緯をたどった。イラン核合意について、選挙戦中には、「最優先事項はイランとの破滅的合意の破棄」と強調していたが、就任後、1月に米サウジ首脳電話会談において、「核合意の厳格な履行が重要」との点で合意し、核合意を認める発言をしている。その後、イランが中距離弾道ミサイルの発射実験（これ自体は核合意に違反するものではない）を行ったあとは、やや硬化し、国家安全保障会議（NSC）に対し核合意による制裁解除が米国益に資するか評価するよう指示を出したとされる。最終的には、18年5月に核合意からの離脱を表明するが、それまでの間は核合意を認める大統領令に署名している。(8)

エルサレムに米国大使館を移すとの公約についても、最終的に17年12月に移転を表明するまでほぼ1年間の期間をかけた。この間、17年2月の米イスラエル首脳会談においては、「慎重に検討している」と発言している。

シリアについては、17年4月、化学兵器が使用されたことが明らかになると、化学兵器攻撃の拠点となった飛行場にミサイルを撃ち込んだ。攻撃に先立ち、トランプ大統領は「(アサドによる化学兵器をつかった)子供たちに対する攻撃は私に大きな影響を与えた。……アサドがしたことは恐ろしいことだ。ひどい犯罪で人類の恥だ」と表明した。ミサイル攻撃後には、さらに「平和と調和が勝ることを望む」と表明し、あたかも世界の警察官としての米国の役割を認識しているかの様子であった。

一方で、TPP離脱のように、一貫して強い姿勢を取り続けたものもある。明確に公約したTPP離脱については、当選後の11月21日に表明した「就任初日に取り組む課題」としても明記し、就任後1月23日にTPPからの離脱を明記した大統領令に署名した。NAFTA(北米自由貿易協定)については、一時トーンダウンも見られた。もともと、選挙中、トランプはNAFTAが史上最悪の貿易協定で、TPPは2番目に悪いと発言しており、そこから比べると優先順位が変わっている。なお、NAFTAの再交渉がなかなかまとまらず暗礁に乗り上げていた際、トランプ大統領がTPPへの姿勢を軟化させた時期があった。18年1月に米国のNBCテレビのインタビューに対し、「TPPが良い協定になるなら、加わるだろう」と発言し、同月のダボス会議においても「すべての国の利益になるならば、TPP参加国と貿易協定について協議することも検討する」と述べていた。NAFTAにおいて原産地基準を引き上げることができなければ、米国のTPP離脱はもっぱらカナダとメキシコを利するだけという焦燥感があったものと思われる。その後、NAFTA再交渉が妥結した後は、この話は立ち消えになっていった。

このように、外交面を中心として、多くの面で現実的な政策への転換が見られたのは、トランプ大統領が各国首脳と直接会談したり電話で対話することによって、国際社会の現実に触れることとなった影響もあろうが、その前提には、より「常識的な」側近、特に補佐官や閣僚の懸命な助言があったものと思われる。政権初年のホワイトハウスのスタッフのケリー大統領首席補佐官、マクマスター安全保障担当補佐官、トランプ氏の娘婿のクシュナー上級顧問、長女のイヴァンカ補佐官のほか、閣僚ではマティス国防長官、ティラーソン国務長官らが「常識的な大人」としてトランプの路線を必死に修正しようと動いていたと見られている。(9)

世論が強硬化を求める

しかしながら、皮肉なことにトランプ大統領に対する支持率は当初下落の一途をたどった。そもそも、トランプ大統領に対する支持率は当初から歴代大統領に比べると低かったが、就任直後に最高46％を得た支持率は、以降下落の一途をたどり、17年後半はおおむね30％台後半で推移した。もちろん後述するオバマ・ケアの改廃のとん挫なども影響していると見られるが、前述した就任後からの国際協調姿勢は米国民が期待したものと異なっていた可能性がある。実際に、政権2年目の強硬な外交姿勢は支持率の上昇に貢献している（18年〜19年はほぼ40％台前半を上昇傾向で推移）。[10]

具体的には、17年12月、トランプ大統領はエルサレムをイスラエルの首都と認め、18年5月には米国大使館をテルアビブからエルサレムに移転した。同じく18年5月にはイラン核合意からの離脱を表明。20年1月には、ヨルダン川西岸のユダヤ人入植地などをイスラエルの領土と認め、現在東西に分かれるエルサレムを全体としてイスラエルの首都とすることを求める、イスラエルの主張をほぼ全面的に容れた中東和平案を公表した。

このほか、貿易問題、特に中国との関係における貿易摩擦を激化させていったのも18年半ばからである。対中関税引き上げの連鎖の末に、19年夏には再度中国を「為替操作国」として指定し非難するに至った（その後、米中間の第一次貿易合意を受けて、20年1月に指定取り下げ）。対日関係においても、19年には再度、日米安保条約の「不公平性」に言及するようになった。

側近たちがトランプ大統領の暴走を押しとどめようとしてきた努力が限界にまで達したのであろう。18年に入ると、3月にティラーソン国務長官が解任されたほか、政権内の人事から、政権の方針転換が明確になっていった。トランプ大統領の方針に対し異論を唱え、国際協調路線に軌道修正してきた要人が次々に交代させられていったのである。ティラーソン国務長官のほか、3月にコーン国家経済会議委員長、4月にマクマスター国家安全保障担当大統領補佐官が辞任ないし解任され、18年末にはケリー大統領首席補佐官、マティス国防長官も辞任ないし解任された。

なお、トランプ大統領が当初からこだわりを見せているイスラム教徒入国問題やメキシコとの国境の「壁」建設問題については、司法当局や議会との三権分立によって抑制される状況があり、トランプ大統領の意図にかかわらず、結果として穏健化せざるを得ない状況がみられる。

たとえばイスラム教徒の入国に関しては、トランプは選挙戦当初、状況の把握ができるまでという条件つきながら、全面禁止を訴えていた。就任後は対象者の出身国や期間を限定した大統領令を出すなど軟化姿勢を示したが、人権規定に抵触するとして複数の連邦地裁・高裁に差し止めを命じられた。最終的に、最高裁が合憲と認めるが、それまでの間、大統領令の内容を軟化させるなど穏健化せざるを得なかった。(11)

メキシコとの国境の壁については、就任直後にこれを建設することを命じる大統領令を出した。トランプ大統領はメキシコに費用を負担させると主張していたが、メキシコ側がこれに応じるはずもなく、議論は議会の予算審議の場に移った。部分的に建設も始まったが、中間選挙により19年から下院で民主党が多数を占めることとなったため、この問題は膠着状態に陥っている。(12)

このように、三権分立というリベラルなメカニズムが、目先の国民の支持率を追求する大統領の暴走を抑える作用を見せている。

3　格差は十分に是正できない

排外主義vs弱者支援

格差に苦しむ人々は、このような「上」のエスタブリッシュメントや「外」との協調・移民受入れに対する拒否感に加え、「中」の弱者支援の拡大も要求している。

近年の米国大統領選挙における民主党サンダースの存在感は、米国民のアウトサイダーへの期待のみならず、強力な弱者支援への期待の表れでもある。16年にサンダースが大統領に選ばれていれば、排外的な政策ではなく、それとのオルタナティブとして弱者支援を軸にした政策が展開される可能性があった。20年大統領選挙に向け、サンダースは改めて立候補し、引き続き強力な弱者対策を訴えた。今回もサンダースは善戦したものの、民主党内ではトランプに勝つことを第一に考え、そのためには支持のすそ野を広げやすい候補が必要との主張が勝り、20年4月、中道のバイデン前副大統領が民主党候補として事実上確定した。

近年の各国政治において、自らの生活を守るために移民・難民を拒否し高関税を求め、国境ぞいに高い壁をつくる（象徴的な意味でも）のか、あるいは最低所得の保障や社会保障の充実を求めるのか、格差に苦しむ人々がどちらの解決策を求めるかが、大きな選択肢となっているように見える。やや単純化しすぎるきらいもあるが、16年の米国大統領選挙も、エスタブリッシュメント対アウトサイダーという構図と同時に、排外主義（国際協調抑制）対弱者支援という二重の構図で争われたと見ることができる。

この構図は、20年の大統領選挙においても、改めて浮き彫りになっている。民主党の候補者が絞りこまれていく中で、注目されてきた候補者を見ても、バイデン、ブルームバーグ、ウォーレンといったエスタブリッシュメントに対して、サンダース、ブティジェッジといったややアウトサイドの候補が存在感を示してきた。この中でサンダースやウォーレンが強い弱者対策を主張したのに対し、他の候補が穏健な中道路線をとった。

長年上院議員を務めてきた前副大統領バイデンが民主党候補になったことで、16年選挙と同様、アウトサイダー・トランプ対エスタブリッシュメント・バイデンという構図が強まったかに見える。しかし、バイデンはサンダースより穏健ではあるものの、副大統領時代には後述のオバマケア導入に尽力するなど弱者支援に取り組んでおり、20年選挙に向けても、医療・教育面を中心に更なる弱者支援を訴えている。その意味で排外主義対弱者支援の対抗軸も引き続き注目される。コロナ禍によって弱者支援を求める声が一層強まっていることも、この状況に影響する可能性がある。

トランプ大統領も、こうした弱者支援を求める米国民の声に気づいていないわけではない。共和党政権として、民主党オバマ政権の弱者支援の成果（レガシー）を極力否定したいDNAが疼く一方で、グローバル化に取り残された人々の不満を掬い上げていると自負するトランプは、国境に高い「壁」をそびえさせるだけでなく、社会政策の配慮も重要だと実は認識している様子がうかがえる。

オバマケアの取扱い

弱者支援という観点から、オバマケアの取扱いはトランプ大統領ないし共和党にとって難しかったと思われる。

オバマケアは、もともと08年大統領選挙でオバマが公約としてかかげ、当選後の10年に議会で可決、導入された医療保険改革である。最大の目的は国民皆保険の実現であり、そのための公的医療保険の拡充、民間医療保険の保障の充実、保険料の補助の導入、企業の従業員への保険提供の義務化、保険加入の義務化などを行うものである。これによって、無保険者が大きく減ったものの、財政負担が広がり、また保険会社や一般企業の負担も拡大した。一般的に企業サイドに立つことが多い共和党は、当初よりこれに反対しており、トランプも選挙戦の早い段階から、オバマケアの改廃を訴えていた。オバマケアについては、財政や企業への負担から、その継続性の再検討が必要とする向きもあり、何より保険加入の義務化（違反者に罰金）には批判も強かった。ただ、トランプの一番の眼目はオバマ前大統領の成果を否定することであり、特に「オバマケア」という名前のついたものを残すことに最大の抵抗感があったと思われる。

トランプは選挙戦中、オバマケアを「大失敗」「撤廃して置き換える」と強い姿勢を示していたが、当選後は、オバマケアの一部の条項は「気に入っている」と発言したり、「我々は全国民のための保険制度を持つだろう」と述べ、オバマケアが目指した国民皆保険というコンセプト自体には賛意を示した。就任後も、他の案件については、即座に「離脱」「壁建設」「入国禁止」などと大統領令を出したのに対し、オバマケアについては、「撤廃に向け、現行制度による負担を軽減」するよう命じるなど、やや軟化の兆しもあった。これは、トランプ大統領の支持基盤である中低所得者層との関係を気にかけた可能性がある。

共和党指導部は、17年3月以降、オバマケアを改廃するための法案を数多く策定したが、そのいずれも取り下げられるか、または否決された。当時、共和党が上下両院で多数を占めていたが、上院は共和党51議席、民主党49議席であり、共和党からわずかに2人が反対すれば否決されてしまうのである。[13] 共和党の中にも、より強硬な議員と、より穏健な議員がいる。強硬な議員がオバマケアの完全な撤廃を求める一方で、穏健な議員は無保険者が増加することに反対し、改廃部分を限定することを主張した。両者を納得させる法案の策定は困難を極め、手を替え、品を替え、共和党指導部から法案が提示されたが、9月までに可決することはできず、事実上断念することとなった。[14] これにより、トランプ大統領の支持率は打撃を受けたが、この過程をみるとトランプ政権ないし与党共和党内の逡巡がうかがえるのである。

税制改革における配慮

同様の曲折は税制改革においても見られた。税制改革は、オバマケア改廃問題とは対照的に、トランプ政権一年目の最大の成果となった。トランプは、選挙戦の早い段階から、法人税の大幅引き下げ（35％→15％）と所得税の最高税率の引き下げ（39・6％→25％）を主張していた。ここから伺えるのは、企業や高額所得者の優遇であるが、大統領選挙直前の10月

22日に、就任後100日以内に中間層減税の法案を提出すると表明した。さらに当選・就任後の17年2月には「中間層の大規模減税を行う」と言及した。それまで、トランプ大統領の支持層である中低所得者層の保護のためには、専ら保護主義などの排外的政策に訴えていたが、支援策の充実もこれに加える方向に軌道修正したことが読み取れる。最終的に、17年12月に成立した減税法案は、法人税の35%から21%への引き下げ、ほぼすべての所得階層での所得税の減税（25年までの時限措置）、子育て世帯への控除拡大などが盛り込まれた。31年ぶりの大型減税で、今後10年間で1・5兆ドルが減税されることとなった。

オバマケア改廃の問題も、この税制改革も、共和党の主たる支持母体である企業のことをまずは念頭に置きつつ、中低所得層に対する支援の要素を加味していったことが注目される。

ドイツ中道左派への期待

ドイツの連立政権の一角を占める中道左派政党SPD（社会民主党）に対する支持率動向にも、弱者支援を求める声が表れている。17年の連邦議会選挙の最終的な結果ではSPDの支持率は低下したものの、選挙戦において弱者支援を強く打ち出したタイミングでは支持率が大きく上昇した。

ＳＰＤは現に連立与党に参画している中、選挙戦において与党第一党ＣＤＵ／ＣＳＵ（キリスト教民主・社会同盟）との差別化を図ることが難しく、支持率もＣＤＵ／ＣＳＵに連動して低下傾向にあった。しかしながら、17年1月に庶民派で格差是正を強く訴えるマルティン・シュルツがＳＰＤの首相候補になると、ＳＰＤの支持率は急上昇した。[15] シュルツは、博士号をもつインテリのメルケル首相とは対照的に、労働者階級出身で高校を中退しており、文字通り「庶民派」の印象を与えた（その意味で反エスタブリッシュメントの色彩もある）。シュルツは、特に格差是正を強く訴え、高所得者層への増税と中所得者層への減税、失業手当の拡充など、社会的弱者に対する支援拡充を掲げていた。[16]

ここで注目される点として、ＳＰＤの伸長が、ＣＤＵ／ＣＳＵの後退のみならず、排外主義政党Ａｆｄ（ドイツのための選択肢）の後退も同時に引き起こしたことである。現状変更を求める社会的弱者は、反ＥＵ、移民制限強化を訴えるＡｆｄの排外的主張に心を動かされる傾向にあることは容易に想像ができる。しかしながら、そのような排外的な動きに出なくとも、国内政策によって支援を拡充してもらえるのなら、それが望ましいという人たちがある程度存在したということである。左派的弱者対策によって、右派的排外主義をおさえられることが示されたのである。ここにおいても、米国と同様、排外主義（国際協調抑制）対弱者支援という構図が見られるのである。

フランスにおける左派的主張の伸長

フランスにおいては、国民連合（旧国民戦線）のマリーヌ・ルペンが、排外的主張のみでなく、弱者支援策の拡充をも訴えたことで、支持のすそ野を広げることにつながっていることが注目される。ルペンは、主権の回復、ＥＵ離脱の是非を問う国民投票実施、ＮＡＴＯ脱退、移民制限といった排外的姿勢は維持しつつも、同時に、低所得者の減税、輸入品への課税を財源として低所得者に購買補助金を支給すること、ガス・電気代の５％減額など、弱者を救済する政策を公約に掲げている。従来、国民連合は「極右」と称されてきたが、このような主張内容を見るに、もはや右なのか左なのかわからない状況である。

フランスで更に、左派「不屈のフランス」の急伸も同時に見られる。17年選挙で大統領候補となったジャン・リュック・メランションは、反グローバリゼーション、反ＥＵ、弱者救済を訴えつつ、左派的理念から移民・難民には寛容な姿勢をとった。社会党政権の不振による左派への信頼感低下があったが、大統領選直前には支持率が急伸、20％近くにまで届き、22～23％を推移するルペン、マクロンに迫ったのである。

イタリアの財政規律見直し要求

イタリアで18年の総選挙の結果成立した「同盟」「五つ星運動」の連立政権は、反ＥＵ的姿勢をとりながら、弱者支援を訴えた。両党は、失業者に対する月７８０ユーロの最低所得保障、法人税・所得税を20％、15％の二段階に簡素化、付加価値税増税の取りやめ、年金支給開始年齢引き上げの撤回などの弱者対策で合意し、ＥＵに対してはこのような弱者支援を可能にするよう、財政規律見直しを要求した（ＥＵ基準では公的債務はＧＤＰ比60％以内とされるが、イタリアは17年時点で１５２・６％）。

このように、弱者支援を求める声が各国の中で共通して高まっている。このことは、格差につながるとされるグローバル化の進展を押しとどめるのか、あるいは、格差の是正に努めて適切な修正を行いながらグローバル化を進めていくのかという、この問題の全体的構造を象徴するものである。

共同体意識は国境の中

自由主義経済による富の分配が格差をますます拡大させ、持てる者がますます富み、持たざる者はますます貧しくなる（少なくとも相対的に）状況において、自由主義経済を最適な形に修正する取組の強化が必要になる。基本的にそれは、所得再分配をはじめとする社会政策を通じて行うことになる。各国で求められている種々の弱者支援はこれにあたる。しかし限られた経済的条件のもとで、グローバルな国際協調を維持しつつ、一国のみで格差の是正を成し遂げるのは、実は容易なことではない。

実際、米国のサンダースやドイツのシュルツ、フランスのルペンの主張にどれだけ財源の裏付けがあるのかは不明である。イタリアでは、明らかに危機的状況にある財政状況をさらに悪化させることが自明であり、ＥＵから厳しい指摘を受けている。

これらの弱者支援の政策は、議会という民主的プロセスを経て決定される。そのためには、前提として、コミュニティの中にいる弱者を救済すべしという社会の合意が必要となる。しかし、人はそのような善意を無尽蔵に持っているわけではない。自らの懐を痛めてまで手を差し伸べたいと思えるのは、自分の仲間と認める人が苦しんでいる場合だけである。

そして、その仲間として多くの人がまず思い浮かべるのは、同一国民なのである。

この点に関し、ウィーンに本拠を置く調査機関ワールドバリューサーベイ・アソシエーション（WVS）が興味深い調査結果を公表している。WVSは定期的に世界の人々の価値観について調査しており、10年から14年にかけての調査において、世界59か国の人々に自らの帰属意識について質問した。自らが「世界市民であるか」「国の一部であるか」「地域コミュニティの一部であるか」という質問に対し、「強く同意する」と答えた人の割合は、それぞれ29・8％、54・9％、38・7％となり、国に対する帰属意識が最も強いことがわかる。これを「強く同意する」と「同意する」の合計に広げると、それぞれ71・3％、93・2％、93・5％となり、わずかに地域コミュニティが逆転する。これは、調査対象国に、香港のような特殊な状況の国・地域や国内に複数の人種、宗教（宗派）を擁する国（南アフリカ、イラクなど）が存在することが影響していると思われる。いずれにせよ、国の範囲を超えた帰属意識、共同体意識は強くないことがわかる。[17]

民族や宗教、生活習慣といった自然発生的な帰属アイデンティティは、国という統治機構のプロセスの中で、ますます強化されていく。我々国民を統治する統治機構がカバーするのは一国の範囲内であり、我々は、その中で国民を代表する議員を選び、大統領や首相を選んでいる。選挙に立候補する人たちは、その国の人々の支持を得ようと、その国の範囲での政策の便益を訴える。その訴えをもとに、我々は自らの代表者を選び、選んだ代表者の働きを評価する。この繰り返しによって、自然に国家への帰属意識が強化されていくのである。

グローバルな格差、ドメスティックな是正

民主主義が国家という基本的な枠組みの中で機能する（少なくともこれまではそうである）以上、何の見返りもなく、国外に救いの手をさしのべる決定をするのは論理的に困難である。もちろん、飢餓に苦しむアフリカの子供たちを支援するために寄付をする人たちもいるが、これはあくまで自主的な善意としてであり、このために強制的に税金を徴収されることには抵抗があるだろう。また、国家としても多くの国が海外援助を行っているが、これはあくまで国と国との関係における外交的効果を目的にしているのである。

ある援助を実施するにあたっては、国際機関選挙やその他の国際場裏での支持が得られることを暗に期待していたり、また仮にそうした具体的な目算がなかったとしても、困っている国や人々を助ける「いい国」として評価され、感謝されることは立派な外交的効果である。しかしながら、このような効果すなわち国益の範囲を超え、純粋に他国の困窮する人々

を支援することは、少なくとも国家の機能として税金を用いて行うための国民的合意の範囲を超えると言わざるをえない。

つまり、グローバル化によって経済活動が国境を越えてその規模を拡大し、富の分配がもたらす格差がますます拡大する中、それを修正するための行動は基本的にはドメスティックな範囲でしか行い得ないということなのだ。この非対称性こそが、格差拡大の問題に対処する上での根本的な困難の原因だと言えよう。

これはすなわち、グローバリゼーションと国家主権の間にある最大の緊張関係を端的に表しているのである。

4　自由と民主の緊張

リベラルな価値観の中核

考察をさらに進めるにあたり、「自由」と「民主」の関係を改めて考えてみる必要がある。

リベラルな価値観として「自由主義」、「民主主義」、「人権尊重」、「法の支配」、「市場経済」などの観念が、相互の関係や位置づけに違いがあるにもかかわらず、一体的に語られることが多い。

個々に見てみると、まず、「法の支配」は「人の支配」を否定し、支配者や為政者が「法に基づいて統治する」ことを意味する。ただし、それは単に為政者の恣意を排除するということのみならず、人民の意思によって定められた法に従うことが中核的な観念である。仮に、為政者が自らの都合に合わせて制定した法に従ったとしても、それは本来の意味における「法の支配」とは言えない（形式的法治主義の否定）。したがって、「法の支配」は「民主主義」を具体的に担保する手段といえる。

「人権尊重」は、人間が生来有している権利を尊重すべしとするものであり、自由権をその中核とするが、それを実現するための手段を行使する権利（参政権など）の尊重を含めて考えられることもある。その具体的範囲についてはいろいろな考え方あるが、基本的に「自由主義」の具体的な表現と捉えることができる。

「市場経済」は、人が行う経済活動につき、国や社会が管理するのではなく、それぞれの主体の経済的動機に基づいて自由にこれを行うことを認めるものである。これは、「自由主義」の経済活動における実現形態であると言える。

これらの概念は、いずれの考え方も相互に重複するものであり、特にその実質的内容、実質的実現方法を踏まえて理解していくならば、「自由」と「民主」という概念と、ほぼ、同じ内容をさしているということができる。したがって、リベラルな価値の中核的価値観は「自由」と「民主」に集約されると言える。

自由を公平に

この「自由」と「民主」は、相互補完的であるとともに、緊張関係にもあることをまずは理解する必要があるだろう。本来的に「自由」である人間が、社会の中で他の人間と共存し、協力していくためにはルールを定める必要がある。そのルールは「自由」な意思に基づいて「民主」的に決めることになるが、その「民主」的ルールに従うことは、すなわち個々の人間の「自由」を少しずつ奪うことを意味する。この「自由」が奪われる範囲、程度が適切なのかということが常に問われることになる。

具体的な例で考えてみよう。

あなたが、自分の家を建てるとしよう。社会人として10年以上働き、ようやく得られるマイホームである。35年ローンを組むのにぎりぎりの年齢である。通勤先から少し離れるが、子供たちのことを考え、郊外に一戸建てを建てる決心をした。分譲地で、南側の道路に面した土地もあったが、金額的に難しく、ひとつ内側の西側道路に面した土地を手に入れた。出来上がった2階建ての家は素晴らしかった。小さな庭があり、陽だまりの中で子供の笑顔が輝いた。しかし、間もなく、南側の土地で他の人の家の建築が始まった。ニョキニョキと高くそびえ、3階建ての集合住宅のような建物が出来上がった。日当たりのよかった庭はもちろん、あなたのマイホームはすっかり日陰になってしまった。

このような場合、あなたは我慢しなければならないのだろうか。南側の土地を買った人も、自らの財産である土地を最大限有効に活用する権利（財産権）を有している。しかし、あなたも十分な日当たりを得る権利（日照権）を有している。双方の権利は、両方を完全に実現することはできない類のものであり、それぞれが少しずつ我慢しなければ解決しない問題である。そこで、双方がどれくらい我慢するのが公平なのかを社会が決めることになる。つまり、民主的な意思決定により、南側に建物を建てる場合のいろいろな条件として、建てる位置、建物の形状などを決めるのである。それによって、南側の人の財産権の制限を最小限におさえつつ、北側の人の日当たりも確保するのである。

例えば、日本の建築基準法では、低層住宅地域の場合、敷地の北側の境界線上は、5メートルより上には建築できないこととされ、境界線より1メートル内側に入るごとにこの高さを1・25メートル上げることができる（つまり、5メートルより上の高さについては、水平方向に1、垂直方向に1・25の割合で、内側に傾斜する斜めの線を引き、その線の内側でのみ建築できる）こととされている。[18]このため、最大限に容積を確保しようとすると、北側の屋根、壁面は斜めに切らなければならないことになる。その斜めに切られる部分は2階の天袋部分や3階であり、南側の人がその程度の我慢をすることによって、北側の人が得られる日当たりに大きな違いが出ることを考慮した結果が、このバランスだということである。その線引きが、5メートルではなく4メートルもしくは6メートルが良いのか、角度は1・25

ではなく1が良いのか1・5が良いのか、ということは、それぞれの国の国民や自治体の住民が、その文化や気候条件などに応じて、民主的に決定するわけである（例えば、赤道に近い国では、日照の価値がより低いかもしれない）。

これがすなわち、「自由」を各人に「公平」に保障するということである。それは、「自由」を構成するほぼあらゆる権利においてあてはまる。表現の自由があっても、名誉を棄損し、人格を傷つけることはできない。知る権利があっても、プライバシーの権利を侵害することはできない。おそらく唯一の例外は内心の自由かもしれない。心の中でどんなに邪悪なことを思っていても、何らかの行動にでない限りは、他の人の権利を傷つけることはないであろう。

言い換えるなら、これは「自由」を適切に管理するということである。誤解のないようにしたいが、あくまでも原則は「自由」である。その自由を最大限保障しつつ、他の人の自由との公平なバランスを実現し維持するために、例外的に自由を制限することが必要な場合があるのである。そしてその手段が「民主」的な意思決定である。端的に言えば、「自由」を公平・平等に実現するのが「民主」の役割なのである。

5　国境の中の民主主義

「自由」のみのグローバル化

話をグローバリゼーションに戻そう。

グローバリゼーションは、この「自由」の延長上に存在する。冷戦の終結によって「自由主義」とそれに基づく市場経済の優越性が示されると、グローバル化はますます加速した。国家間の交渉により、貿易にかかる関税は引き下げられ、資本移動も自由化されていった。比較劣位産業が比較優位産業に置き換わり、世界はより効率的に経済活動を行い、経済成長を実現した。

ところが、である。急速にグローバル化していったのは、「自由」だけであった。「民主」は引き続きナショナルなままである。ウェストファリアが打ち立てた国家主権は揺らいでいない。経済活動のグローバル化と科学技術の進展は、国家主権の枠を貫き、国境を相対化させてきたが、民主主義は依然、国境の中にとどまっている。人々が最大の帰属意識を持つ

「国家」という枠組みの中で、統治機構を有し、民主主義によってそれを運営してきた人々にとって、民主主義の枠を広げることは容易ではない。

このことが、「自由」を世界という広がりの中で公平・平等に実現することを困難にしているのである。国家主権を前提とした「国際的」調整により、ある程度は「民主」的管理を世界に及ぼすことが可能かもしれない。実際、相互の基準の違いを調整したり、開発途上国に例外的措置を認めたりということはこれまでも行われてきた。しかしながら、拡大を続ける経済格差に対し、十分な手当を行えていない現実は否定できない。

付け加えるなら、80年代以降の英米をはじめとする新自由主義的政策運営は、こうした格差是正の困難をさらに強める方向に作用した。既述のとおり、グローバリゼーションは国境を越えた形で「勝ち組」「負け組」をつくるのみでなく、国境の中にも「勝ち組」「負け組」をつくる。「小さな政府」による弱者支援の縮小は、国内における格差調整力も弱めることとなった。そしてその弱められた調整力さえも、グローバリゼーションによってスピルオーバーしていく中、排外的な反グローバリゼーションの姿勢をとるのか、弱者支援を拡充するのか、打開策の選択が欧米各国に突き付けられている。グローバリゼーションを止めなくとも各国が国内施策としてできることも多く、まずはその充実を図るべきだろう。しかし根本的には、「自由」の拡大に対応した民主的なグローバル・ガバナンスの実現が求められ、それには多大な困難が立ちはだかっているのである。

外部性の問題

これらの問題は、経済学的に言えば、外部性の問題といえる。

経済活動が自由化すればするほど、経済は成長することになっているが、それはすべての経済取引において、すべての費用や効果が内部化されていることが大前提である。

例えば、省エネルギーを実現する新技術を用いた新製品を開発し販売する場合を考えてみよう。通常は、製品の直接的な製造コストだけでなく、その新技術の開発にかかった費用も製品価格に上乗せし販売することになる。それにより製品価格が相当に高額になり採算がとれないことが見込まれる場合、開発段階で断念せざるを得ない。しかしながら、その開発によってもたらされる省エネ技術は、他の製品にも利用されうるものかもしれないし、地球環境の保全という大きな政策課題の実現に合致するかもしれない。そのような場合には、市場経済に委ねておくのではなく、政府が補助金を出す、もしくは政府関連機関にて技術開発を請け負うなど、マーケットメカニズムを補正して資源配分を最適化することが必要になる

(外部経済の内部化)。

数字に置き換えてみると、この新製品によって購入者が直接得られる便益が10ドル相当である場合、開発費用を含めた製品一つあたりの製造コストが15ドルであれば、企業としてはこの開発を進めることはできない。しかし、この省エネの新技術が社会にもたらす便益がさらに10ドル分であるとすれば、社会全体としては15ドルのコストで20ドルの便益を得られることになり、これを開発・製造することが最適である。この場合、政府が一つあたり7ドルの補助金を出せば、企業側は一つあたり8ドルで開発製造し10ドルで売れると見込まれるので、この製品の開発は実現することになる。

また逆に、禁止まではできないものの、社会的にマイナスの影響を及ぼしうる経済活動に対しては、課税を強化するなどしてブレーキをかけることが必要になる(外部不経済の内部化)。タバコへの課税はこれに該当するかもしれない。すでに述べた地球温暖化の問題も同様に外部不経済の問題である。大量のCO_2排出を伴う経済活動にブレーキをかけるか、または排出されたCO_2を吸収するコストをあらかじめ内部化しておかねばならない。

このように取引の直接の当事者が評価する便益・コストが社会全体のそれと一致しない場合には、それを一致させて経済取引を最適化する必要が生じるのである。その際に、その補正をどの範囲でどの程度行うのが最適かを判断するのが民主的プロセスである。

格差拡大の内部化の困難

グローバル化の進展によって生じる経済格差の拡大は、この「外部不経済」の一種と位置付けることができる。グローバル化を進めることによる、経済成長の効果と格差拡大の不経済とを比較し、補正しなければならない。

極端な例として、ある貿易自由化措置によって、米国でコーヒーの輸入販売を行う年収1000万ドルの会社社長の年収が5000ドル増えるかわりに、輸入先の変更によって南米でコーヒー豆の栽培場に勤める一家が年収2000ドルの仕事を失うとしよう。（単純化のため新たな輸入先の栽培場の収益増加分を捨象すると、）世界全体では3000ドル分の経済成長が実現することになるが、これをこのままにしてよいと思う人はいないだろう。心情的には、米国の社長から5000ドルを回収して南米の家族にあげたいところだが、そうすると社長側に新たな取引をするインセンティブが失われるので、最低でも2000ドル、できれば4000ドルくらいを再分配したいところである。しかし、米国の社長と南米の家族は、同一の民主主義機構の中にはいない。そのため、両者間の所得再分配がいかにあるべきかを公平に判断し、それを自由化措置に内部化することは、一体としての民主的判断でなされることはなく、問題の解決は、主権国家同士の困難な外交交渉によって実現されなければならない。

交渉の結果、社長から2000ドルさえも回収できないとなれば、そもそもこの貿易自由化はしない方が良いのではないか。そう思う人はいないだろうか。とはいえ、実際にこのような交渉が国家間で行われることはないであろう。通常は、仕事を失う南米の家族が新しい仕事を見つけるか、コーヒー栽培の生産性を高めることによって仕事を失わずにすむよう、国内的措置をとるために時間的猶予を得るための交渉を行うことになる。つまり、あくまで手当は当該国政府（この場合南米の国）が行うのである。

前出の経済学者ダニ・ロドリックは、標準的な仮定に従って、効率性改善による利益に対する分配の規模の比率を定量化したとして、次のとおり、述べている。

「例えば、アメリカのような平均輸入関税が5％以下の経済では、完全な自由貿易への移行によって1ドルの効率性の改善ないし「純」利益を得るごとに、諸集団間で50ドル以上の所得移動が生じる……それはまるで、アダムに51ドル与える時、デイヴィッドが50ドル貧しくなるかのようだ。(19)」本当にこれほど大規模な所得移動が生じるのか、にわかには信じがたいが、ロドリック自身も「あまりにも大きかったので、間違いを犯していないことを確認するために、何度も再計算せざるをえなかった」と述べている。もしこの所得移動が、格差を拡大する方向で生じる（つまり、もともと、アダムがデイヴィッドより裕福であったということ）のであれば、この貿易自由化には反対したくなる。

実際問題として、外部不経済の大きさを金額に換算することは困難であることが多い。ましてや経済格差拡大という社会的な正義に対するマイナスを数字で把握することは非常に難しい。そうであるがゆえに、民主的な意思決定が必要になる。

世界が今おかれているのは、そういう状況なのではないか。グローバリゼーションをさらに進展させ、その恩恵を公平・平等に享受するためには、民主主義の範囲を広げ、経済と政治をともにグローバルに展開するのが理想であろう。だが、もし民主主義を主権国家の範囲から広げることができないのであれば、経済のグローバリゼーションを主権国家の範囲に引き戻すべきなのか。言い方を変えるなら、自由主義経済における「自由」をこのまま拡大していってよいのか、事後的な修正に期待するのではなく、そもそも自由を押しとどめる必要があるのではないか。そういう思いが人々の中に広がってきているのだ。

(1)クリントンについては、国務長官在任時に私用メールアカウントを公務に利用していたことや、クリントン財団に外国政府から献金を受けていたことなどが発覚し、これがマイナスに作用した。それでもクリントンは50％台半ばの支持率を維持したが、16年に入るころには、サンダースがクリントンの支持を上回る州が出てきた。

(2)15年春頃まではウォーカー・ウィスコンシン州知事とジェブ・ブッシュ元フロリダ州知事（ブッシュ前大統領の弟）のエスタブリッシュメントの争いであった。

(3)パリ同時テロ（15年11月）やカリフォルニア州銃乱射テロ（15年12月）を受け、トランプがイスラム教徒の入国禁止を訴えたことが、米国民の危機感にこたえることとなり、トランプがカーソンを引き離し、トップ独走の態勢に入った。

(4)オランド政権後半のフランスの経済状況は、失業率が10％前後で高止まり（欧州債務危機の09年で8・74％なのに対し、15年10・36％、16年10・06％）し、経済成長率は1％台で伸び悩んでいた（15年1・07％、16年1・19％）。（欧州各国の指標はOECD "*Economic Outlook*"より）

(5)マクロン大統領支持率は世論調査会社ifopによる。
https://www.ifop.com/publication/les-indices-de-popularite-decembre-2019/

(6)Pew Research Center "Many Across the Globe Are Dissatisfied With How Democracy Is Working"（2019.4.29）（データは2018春の調査）
https://www.pewresearch.org/global/2019/04/29/many-across-the-globe-are-dissatisfied-with-how-democracy-is-working/

(7)Pew Research Center "The Public, the Political System and American Democracy"（2018.4.26）
https://www.people-press.org/2018/04/26/the-public-the-political-system-and-american-democracy/

(8)90日ごとに、政府が議会に核合意の実施状況を報告することになっており、トランプ大統領はこれへの署名は行っていた。

(9)このあたりの経緯は、ボブ・ウッドワード『FEAR恐怖の男――トランプ政権の真実』（伏見威蕃訳）日本経済新聞出版社2018に詳しい。

(10)トランプ大統領支持率は、各種世論調査をもとにした世論調査会社Real Clear Politicsによる平均値。

(11)イスラム教徒の入国に関しては、トランプは、選挙戦の当初、状況の把握ができるまでという条件つきながら、全面禁止を訴えていた。その後、選挙戦終盤にはテロ頻発地域からの入国に限定する考えを示していた。就任早々の17年1月27日、イラク、シリア等7か国出身者の入国を90日間停止することと、シリア難民の無期限受入れ停止、その他難民の120日間受入れを停止する旨の大統領令を発出した。これに対し、人権規定に抵触するとして、訴えを受けた複数の連邦地裁、連邦高裁が差し止めを命じたため、トランプ大統領は3月に内容を一部緩和した内容の大統領令を発出した。これに対しても、複数の連邦地裁、連邦高裁が差し止めを命じたが、最終的には17年6月に最高裁が差し止めを解除した。さらに、これによる入国停止期限が切れた後の後続の大統領令についても、その適否が司法の場で争われるなど、イスラム教徒入国問題については、トランプ大統領のイスラム教徒敵視の姿勢が、憲法による人権保障を守る司法による牽制を受ける場となった。

(12)もともと、トランプは選挙戦当初から、メキシコとの国境に壁をつくることを訴えていたが、その費用をメキシコに払わせると言っていた。当選直後に、一部はフェンスでもよいということを発言したものの、就任前には改めて「フェンスではなく壁」をつくりメキシコに費用を負担させるとした。就任直後の17年1月25日に、メキシコとの国境に壁を建設することを命ずる大統領令を発出したが、このような一方的な政策に対して、メキシコが費用負担するはずもなく、この件は議会との予算策定の場に持ち込まれることになった。共和党が上下両院の多数を占めていた17年、18年の間にこの問題は解決せず、中間選挙を経て19年に民主党が下院多数を占めることになり、膠着の様相が強まった。トランプ大統領は、一部鉄柵でもよいと歩み寄り、部分的に予算化されたが、予算成立が止まることによる政府機関の一時閉鎖も生じており、批判が強まった。

(13)一人が反対した場合は、50対50となるが、同数の場合は、上院議長である副大統領が票を投じて決することになるため、与党である共和党側が勝つことになる。

(14)その後、保険加入の義務化の部分のみ、税制改革法案と一緒に審議され、撤廃されることとなった。トランプ大統領は、これをもって「オバマケアの中核を改廃した」と強がったが、明らかにこれはとん挫であった。

(15)それまで20%台前半を低迷していたのが、2月には30%を超え、一時はCDU／CSUの支持率を上回るに至った。

(16)このようなシュルツの政策によるSPDの躍進は、マクロ経済指標をみるかぎり比較的経済パフォーマンスの良いドイツにおいても、経済格差の問題は一定の深刻さをもっていることが示された。実際、労働市場の流動化によって失業率は低下傾向にあるものの、非正規雇用労働者の割合は増大しており（05年21・46%→15年22・40%）、ジニ係数（08年0・285→15年0・

293）や相対的貧困率（11年0・087→15年0・101）は悪化傾向にあった。
（17）http://www.worldvaluessurvey.org/wvs.jsp
（18）建築基準法第56条
（19）ダニ・ロドリック『グローバリゼーション・パラドクス——世界経済の未来を決める三つの道』（柴山桂太・大川良文訳）白水社 2014 p76-77

第五章

「自由」と「民主」が激突するEU

CHAPTER 5

1　EUの挑戦と限界

グローバリゼーションの実験場

現在の世界における「国際社会」という構造——主権国家の併存——は、ヨーロッパ諸国が400年近く前のウェストファリア体制によって築いたものである。そこでは国の大小にかかわらず、それぞれの国が自律性を保ち、自らの国土・国民の統治に関する自己決定権を保障されてきた。国家をしばるものはその国家の意思のみであり、国家に指図する上位組織は存在しなかった。世界の構造は、あくまで国と国の間の平面的な関係、すなわち「国際」関係であり、そこに成り立つ「国際社会」であった。

19世紀から20世紀の半ばにかけて、この「国際社会」がヨーロッパから世界全体に広がり、「主権国家の併存」という構造が世界に定着すると、今度は、ヨーロッパ諸国はその自ら築いた構造を昇華させ、新たな国家間関係を構築すべく歩み始めた。欧州共同体（EC）そして欧州連合（EU）という試みは、国際秩序を新たな段階に引き上げる果敢な取組である。それだけに、この先進的な挑戦はこれまでの歩みの中で多くの試練に直面してきた。

このような欧州統合の意図は、もともとは第二次世界大戦を引き起こしたドイツを念頭に、軍事的な「力」の均衡のみに頼らず、背景にある経済的な「利益」の面においても共通管理を強化することにあった。そのため、欧州石炭・鉄鋼共同体による石炭・鉄鋼のマーケットの管理に始まり、原子力産業の管理、さらに経済全般の統合促進へと歩みを進めた。その後、政治、外交、安全保障、司法へと協力範囲を広げ、現在のＥＵへと至っている。

現在、国境を越えた自由な経済関係が世界で最も進んだヨーロッパは、世界におけるグローバリゼーションの実験場ともいえる状況である。ボーダーレス経済の深化を追う形で政治面の統合を進めているヨーロッパは、今、また新たな試練にさらされている。自由の拡大と民主の拡大をバランスする難しさが各所で露呈してきており、グローバリゼーションの先行きに様々な示唆を与えている。

英国と欧州大陸の距離感

16年6月の英国における国民投票、そしてそれを受けた20年1月の英国のＥＵ離脱（Brexit）は、ＥＵのこれまでの歩みに強烈な「ＮＯ」を突きつけることとなった。

これまでも英国は、ヨーロッパの中にあって、大陸諸国と微妙な距離をとり続けてきた。第二次世界大戦後すぐに、ウィンストン・チャーチルは1946年9月、スイスで行った演説で「ヨーロッパ合衆国」の創設を訴えた。これは1930年のアリスティード・ブリアン仏外相の同趣旨の構想に賛意を示したものであったが、チャーチルは早い段階から積極的に欧州統合の意義を説いてきた。そのチャーチルも、5年後の1951年に英国とヨーロッパの関係について問われ、「それとともにある（with Europe）が、それに加わること（in Europe）はできない」と述べている。この言葉が、英国のヨーロッパにおける微妙な位置づけを端的に言い表している。

実際に戦後当初は、西欧同盟を設立するために1948年3月に調印されたブリュッセル条約や1949年5月に成立した欧州評議会に、英国は中心的大国として参加するのみならず、その成立に主導的な役割を果たした。しかしながら一方で、後に欧州共同体（EC）を構成することになる三共同体、すなわち1952年設立の欧州石炭鉄鋼共同体（ECSC）、1958年設立の欧州経済共同体（EEC）、同年設立の欧州原子力共同体（EURATOM）には参加せず、むしろそれに対抗する形で欧州自由貿易連合（EFTA）の設立（1960年）に主導的役割を果たした。英国が積極的に参加するのは、超国家的なヨーロッパではな

く、主権国家間の協力にとどまっているヨーロッパであるとも指摘される。(1)

英国は、その後１９６３年と１９６７年にＥＥＣ加盟申請を行ったが、シャルル・ドゴール仏大統領に拒否され、同大統領の没後１９７３年にようやくＥＥＣに加盟することになった。この加盟は保守党政権下で行われたが、翌年に労働党政権が成立すると、早くも１９７５年にはＥＥＣにとどまるべきか否かを問う国民投票が行われた。結果としてＥＥＣにとどまることが決定されたわけであるが、このような国民投票が加盟後たった２年で行われること自体が、英国民のとまどいを表していると言える。(2)

英国はその後、人の移動を自由化するシェンゲン協定への不参加と共通外交・安全保障政策からのオプトアウト、ユーロへの不参加などに見られるように、大陸諸国との間で常に微妙な距離感を保っている。それゆえに、英国は、欧州統合の進行と国家主権の関係の限界がいずこにあるのかを見極める上での、バロメーター的なところがあったとも言える。

国民投票後の英国の逡巡

英国は16年6月に実施された国民投票によって、ＥＵからの離脱を決定した。この国民投票の実施は、保守党キャメロン政権において決定された。保守党の中には、離脱・残留の両論があったが、キャメロン首相自身はEU残留を支持していた。むしろ、離脱を主張する英国独立党（UKIP）に対する支持の高まりもあり、保守党に対する英国民の支持をつなぎとめるとともに、残留の方針を確定させるためにも、国民投票の実施を決めたというのが真意と見られる。

キャメロンは、残留の結論を確かなものとするため、英国がEU内で「特別な地位」を得られるよう、国民投票に先立ってEU側と交渉を行った。その結果、16年2月までに、非ユーロ圏はユーロ圏の救済に財政的負担を負わないこと、条約記載の「緊密な連合（ever closer union）」に向けた各国の努力の規定を英国に適用しないこと、各国議会に欧州委員会の立法提案を阻止する権限を付与すること、移民流入への緊急措置として4年間社会保障を制限する制度を時限的に導入することなどの合意を取り付けた。

これは、「緊密な連合」の名のもとに際限なく拡大するかに見える「自由」（それはEU市民の自由であるとともに、ブリュッセルのエリートの決定権でもある）に対抗し、英国民の民意によるコントロールを多少なりとも回復することを取り付けるものであった。しかし、これをもってしても、英国民は離脱を選択したのである。離脱51・9％、残留48・1％。それが16年6月23日の国民投票の結果であった。

キャメロンは即座に辞任を表明し、離脱プロセスは後任のテリーザ・メイ首相に託された。メイ首相は、自らは残留派でありながら、国民投票に示された民意を忠実に実行するため、毅然とEUとの交渉に臨んだ。英国としては、移民管理などで極力自由度を確保しつつ、EU単一市場への十分なアクセスを確保することで経済的メリットは維持したいという立場であり、一方、EU側は英国が加盟国としての責任を負わないのであれば、加盟国としての利益や権利も失うこととなるという基本姿勢をとった。

英国が自国の義務を最小限にし、かつ自国の利益を最大限にすることを目指すのは当然であるが、EUとしても、英国が離脱により「いいとこ取り」をすることになれば、他のEU加盟国による「離脱ドミノ」を招く可能性も危惧し、厳に「離脱は割に合わない」という印象を与えたいというのが本音であろう。EUとの交渉が難航する中、英国内でも、思いのほか離脱は割に合わないという印象が強まり、世論は残留と離脱に分かれたまま時は過ぎていった。

厳しい交渉の末、18年11月に英政府はEU側と当面の離脱方法について合意したものの、19年3月の離脱発効期限(3)までに英国議会の同意を得られなかったため、離脱は10月末まで延期されることとなった。英国の一部である北アイルランドと陸続きになっているEU加盟国アイルランドとの間の国境管理の問題をどのように解決するか、その問題が解決されないうちはＥＵ離脱後も英国がＥＵの関税同盟に残るという点が離脱強硬派の反発をかったのである。

国民投票の結果を尊重しつつもソフトランディングを目指したメイ首相は辞任を余儀なくされ、後任に離脱強硬派のボリス・ジョンソンが就任した。ジョンソン首相は北アイルランドを英国の関税圏内に置くものの物品検査基準はＥＵに準拠するとしたうえで、英国がＥＵの関税同盟から抜けるという内容でＥＵと協定案をまとめた。しかし、10月末の離脱期限までに英国議会の承認を得られず、離脱期限を20年1月まで延期せざるを得なくなったジョンソン首相は、解散・総選挙に打って出た。総選挙は12月に実施され、ＥＵ離脱を明確に掲げた保守党が勝利した。

保守党内にも本心では残留を支持する議員もいたが、保守党政権下で実施した国民投票によって決まったＥＵ離脱を覆すことはできないという意識が全ての根底にあった。労働党が「残留」を明確に掲げられず、国民投票の再度実施を掲げるにとどまったのも、16年の国民投票で示された民意を尊重するという思いからであったと思われる。結局のところ、16年に示された国民の意思を尊重するという両党共通の認識によって、明確な公約を出せた保守党と出せなかった労働党という構図となり、保守党が勝利することとなった。この保守党の勝利により、ＥＵ離脱関連法案が可決され、そしてついに、20年1月31日、英国はＥＵから離脱したのである。(4)

英国のＥＵ離脱の意味

英国民によるＥＵ離脱の決断は何を意味するのであろう。

ひとつに、現下のグローバリゼーションが不公平な形で進展しており、それに対する中間層、労働者階層の不満が限界に達したという見方がある。

ジョセフ・スティグリッツ・コロンビア大学教授は、国民投票後の16年7月6日のガーディアン紙への寄稿でこのように述べた。

「過去40年間の新自由主義アジェンダはトップ1％の人にとっては良かったが、他の人にとっては良いものではなかった。この停滞がいつか政治的影響をもたらすものと私は長く予見していたが、その時が来た。……今日の貿易協定は秘密に交渉され、大企業の利益は十分に勘案されるが、一般の市民や労働者は締め出される。当然ながら結果は一方的なものとなり、労働者の立場は一層弱められる。不公平を招来するものは他にもある。薬価引き上げを可能にする知的所有権ルールのほか、市場における企業の立場を強めるものはどのようなものでも実質賃金引下げにつながる。不公平の拡大はほとんどの先進国の刻印のようになっている。……加えて、移民の流入による低技術労働力の増加は、労働者の賃金を引き下げることになり、一方で雇用主には低賃金の恩恵を与える。……中間層や労働者階層は経済成長の恩恵を受けて来なかった。彼らは、銀行が２００８年の危機を引き起こしたにもかかわらず、銀行救済のために巨費が投じられても、自分たちのところにはわずかな支援しか来ない現実を見た。」

また、ジェフリー・サックス・コロンビア大学教授も、16年6月27日のボストングローブ紙への寄稿で、次のように述べた。

「Brexitは、現在進んでいるグローバリゼーションを人口のほぼ半分が拒絶したことを意味する。……彼らは、移民が制御不能で経済的打撃を与えると信じている。彼らは、政治、金融のエリートが結託して権力を乱用し、税金を逃れ、グローバリゼーションを歪めていると信じている。……移民圧力により、企業は低賃金労働の恩恵を享受した。労働者階級は、それでなくとも貿易競争の激化や労働のオフショア化、オートメーションによって苦しんでいるにもかかわらず、エリートたちは移民による彼らの賃金低下を見て見ぬふりをした。」

このような見方は、先進各国で共通している雰囲気、特にすでに米国大統領選に向けてトランプが躍進していた状況をも踏まえ、グローバルにかつ長期的な文脈の中に英国のEU離脱を位置付けたものであろう。

実際に、メイ首相が国民投票後に就任し、16年7月13日に行った就任演説で、離脱そのものについて多くは語らず、むしろ英国社会の分断を危惧する演説を行ったことに、共通する認識が垣間見える。メイ首相は、「国民の団結を信じる。団結は、貧困層の平均寿命が短いこと、男女の賃金格差等のひどい不公正と闘うことを意味する。私の政府は、少数の特権階級の利益ではなく、あなた方の利益を重視する」と述べた。これは、英国民がEU離脱という決意に至った背景には、格差の問題、社会的不公正、特権階級への不満などがあるととらえ、これらの問題に取り組む姿勢を示したものと思われる。

一方で、英国の経済面での近年のパフォーマンスが悪くなかったことは指摘されねばならない。EU各国はリーマンショック、欧州金融危機後の成長回復プロセスにあったが、その中でも、英国は国民投票の影響が出る16年より前の段階では経済成長率、失業率ともにEUの平均を上回るパフォーマンスであった。[5] その当時、EU内から年間20万人に上る大量の移民流入があり、労働市場に影響を及ぼしていたとはみられるが、それでも失業率は低下傾向にあったのである。また、もともと英国はＥＵの中では国民の間の経済格差が大きい方であるが、近年はその格差は改善する傾向にあった。格差の指標であるジニ係数や相対的貧困率（国民全体の可処分所得中央値の半額以下の所得の人の割合）を見ても、金融危機後は改善傾向にある。[6] つまり、格差問題や反グローバリゼーションのためにＥＵを離脱するのであれば、英国より先に離脱しそうなＥＵ加盟国は一つや二つではないのだ。

実際のところ、ＥＵ離脱派の間でも、自由貿易の推進を含む自由主義経済に対する反発は少ない。ＥＵを離脱しても、英国として、ＥＵを介さずに直接に世界とつながっていく意思を示している。米国が参加を拒否したＴＰＰ（環太平洋パートナーシップ協定）についても、地域が全く異なるにもかかわらず、英国は参加の意欲を示している。米国のトランプ大統領は英国のＥＵ離脱を称賛しているが、トランプ大統領がグローバリズムを明確に拒否しているのに対し、英国はＥＵ離脱派を含めて、グローバリズムを拒否してはいないのである。

国民投票の当日に行われた世論調査（Lord Ashcroft Polls）によれば、離脱に投票した人が最も多く挙げた離脱支持の理由は「英国による自己決定権の原則」であった（次点が「移民・国境管理の回復」）。[7]

ある国の国民が他国や国際機関との関係を考える際、経済的な関心のみで判断するわけではない。スティーブン・ウォルト・ハーバード大学教授は、フォーリン・ポリシー誌（16・6・26）の中でこう述べている。

「もしBrexitが我々に何かを教えてくれるとしたら、それは投票者の中には、純粋に経済的な合理性よりも、国のアイデンティティ、歴史的遺恨、領土的象徴、伝統的文化的価値などに突き動かされる人がいるということである。……そのような伝統的心情は、特に社会の変化が急速で予測不能な時、同質な社会が背景の異なる人々を短期間に受け入れなければならない時に大きく現れてくる。」

そのような「伝統的心情」が、国際関係においてどの程度アンチテーゼとして重視されるかは、国によって異なる。戦後常に英国の姿勢に見られた大陸との微妙な距離感は、このような心情がヨーロッパの中でも比較的大きいことを示しているし、実際に国民投票ではより年齢の高い層に離脱支持者が多かったことも、伝統的心情の要素が影響したことを示唆している。

したがって、経済格差の問題の影響も否定はできないものの、むしろEU単一市場という経済的恩恵を犠牲にしても、EUの非民主的と批判される体制から自己決定権を回復すべしとする要求が支持を集めたととれる。

なお、このEU離脱という英国民の決定が、離脱51・9%と残留48・1%という僅差でなされたことは想起されねばならない。また、離脱に投票した人々がEU残留の「経済的合理性」を十分に理解していたかも疑問が残る。選挙活動では誇張した表現が用いられるのが常であるが、離脱派のキャンペーンにおいて、EUに支払っている巨額の拠出金をそのまま英国内の社会保障政策に充当（すなわち、効率を重視する経済的合理性を実現するためのコストを、公平を重視する格差縮小の取組に振り替えるということ）できるかのような非現実的な説明がなされていたという指摘もあり、英国民が経済的な観点について十分理解していなかった可能性もある。

20年1月、英国のEU離脱の日を前に、19年12月までEU大統領（欧州理事会常任議長）を務めたドナルド・トゥスクは、「離脱は、英国や米国だけでなく、私たちの加盟国で明らかになっている新しい政治的傾向の勝利だった。いわゆる反自由主義的な民主主義だ」と述べた。(8) しかしながら、このような大きなくくり方は正しいのであろうか。

ヨーロッパにおける反EU、反グローバリゼーションの急先鋒のように言われることもあるBrexit現象であるが、フランス、イタリア、スペイン、ギリシャにおいて高失業率と格差拡大で苦しむ人々の置かれた状況とは、共通する部分もあるものの、やや異なる状況だというべきであろう。実際、これらの国ではこれまで国を率いてきた既存の大政党に対する信頼が大きく揺らいでいるが、英国では与党保守党が政権を維持する中で、国民がＥＵ離脱を選んでいる。英国独立党ＵＫＩＰやそこから分離したＥＵ離脱党の勢力伸長は見られるが、国民投票前の総選挙及びＥＵ離脱前の総選挙では、ともに保守党が大勝利を収めており、他国で見られるような既成政党への反発は伺えない。

また、英国の状況（他の西欧や南欧の国も同様であるが）に見られる現下の政治的傾向を「反自由主義的」とまで言うことはできないであろう。確かに、「自由」の加速度的な広がりに対して「民主」的コントロールが及ばなくなりつつあることを恐れる声はある。しかしながら、それこそ、トゥスク前ＥＵ大統領の出身地であるポーランドやハンガリーにおいて現れている動きは「反自由主義的」と言わざるをえない（これについては後述する）が、Brexitをこれと同列に扱うことはできないであろう。すでに述べたように、英国では自由貿易を含む「自由」の拡大そのものに反発が強いわけではなく、むしろ「自由」を拡大していくための民主的コントロールを取り戻したいという意識が強く働いているのだ。

反ＥＵ・排外主義政党の台頭

米国トランプ政権のこれまでの流れにおいて、グローバリズムの拒絶が支持を集めていることは既に述べたが、ヨーロッパにおいては、ＥＵという存在があるために、グローバリズムへの反発が反ＥＵという形に結び付きやすい。よく言われるＥＵの官僚主義的体質、非民主的性格やユーロの抱える構造的問題、さらにはＥＵによる難民受入れ分担の方針などが、現状に対する不満と結び付いて人々の反ＥＵ姿勢を増長させていると言える。

フランスにおけるＥＵ懐疑派の伸長は、17年の大統領選挙において明確になった。フランス国民戦線（ＦＮ）（その後、18年6月に国民連合（ＲＮ）に改称）は、現党首マリーヌ・ルペンの父親であるジャン・マリー・ルペンが、１９７２年、フランス人至上主義や移民排斥の極右的主張を掲げて設立した。当初はさほど注目されていなかったが、アフリカやイスラム圏からの移民が増大し、またフランスの失業率が上昇してきた80年代から徐々に支持を集めるようになった。一時、国民議会議員選挙に比例代表制が導入されたことがあり、そのもとで行われた１９８６年選挙では35議席を獲得するに至った。その後、小選挙区制に戻るとともに議席を失ったが、２００２年の大統領選挙ではジャン・マリー・ルペン党首が大統領選の決選投票まで進み、世界に衝撃を与えた。

フランス国民の一部の層からは強い支持を受けるFN（RN）であるが、ジャン・マリー・ルペンによる人種差別的な暴言が繰り返されてきたこともあり、国民全体から見れば強い拒否反応を受けてきた。11年に党首に就任したマリーヌ・ルペンは、父親によってつくられた極右、人種差別のイメージを刷新すべく改革に取り組んでいる。15年には父親をFNから除名するとともに、近年は社会的弱者に寄り添う姿勢を表明している（第四章3参照）。党名から「戦線」を外し「連合」としたのもイメージ刷新の一環である。この結果、経済の低迷に不満を覚える国民の中にある、排外的な感情と支援を求める要望の双方にこたえることとなり、17年の大統領選挙ではマリーヌ・ルペンが02年の再来とばかりに大統領選挙の決選投票まで進出したのである。

02年当時、筆者は在仏日本大使館一等書記官としてパリに在勤しており、大統領選挙の状況をフォローしていた。大統領選挙の第一回投票で、ジャン・マリー・ルペンが社会党のリオネル・ジョスパンを破り、決選投票に進出することとなった瞬間、フランス全土に激震が走った。それを報じるテレビの画面では、悲鳴を上げる女性の姿が大写しになった。誰もが現職大統領のジャック・シラクと現職首相のジョスパンの一騎打ちとなると想定していた戦いが、ジャン・マリー・ルペンによってかすめ取られたのである。これにより、ジョスパンは失意のうちに政界を引退することとなった。

しかし、17年の決選投票と02年の決選投票を比較すると、02年の「再来」以上の結果であったことがわかる。02年の大統領選挙決選投票では、シラクの得票率82・2%に対しルペン17・8%であった。第一回投票のルペンの得票率が16・9%であったことを踏まえれば、ジョスパンやその他の候補者の支持者のほぼ全員がシラク支持に回ったのである。これに対し、17年の決戦投票はマクロン66・1%とマリーヌ・ルペン33・9%であり、FN(RN)が着実に支持の幅を広げていることが見てとれる。マリーヌ・ルペンによる軟化路線に加え、排外強硬姿勢のみでなく国内的な弱者支援の姿勢もとったことがこれにつながっていると見られる。(9)

ドイツにおいて支持を伸ばしている政党が、Afd(ドイツのための選択肢)である。Afdの支持率は、15年夏の時点で2~3%程度で推移していたが、難民が急増した後の16年1月には10%台半ばまで達した。

Ａｆｄは、13年に反ＥＵ、反ユーロを掲げて結党された比較的新しい排外主義的政党である。もともとは、ユーロ圏債務危機以降のギリシャ等への救済にドイツが負担を負わねばならないことに反発して立ち上げられたものであるが、ＥＵから立法権限を取り戻すこと、移民・難民に対する支援や受入れの制限、国境管理の再開などを訴え、注目されてきた。難民の急増とともに、15年以降は、与党ＣＤＵ／ＣＳＵ（キリスト教民主・社会同盟）の支持率低下と反比例する形で支持を伸ばしてきており、ＣＤＵ／ＣＳＵの支持を直接的に奪う図式は明白であった。

17年9月の連邦議会選挙の結果、それまで議席を有していなかったＡｆｄは94議席を獲得し、ＣＤＵ／ＣＳＵ、ＳＰＤ（社会民主党）に次ぐ第三党へと躍進した。英国やフランスにおいては小選挙区制がとられているため、英国独立党ＵＫＩＰやフランスのＦＮ（ＲＮ）の議席の大幅な増大にはなっていないが、ドイツ連邦議会選挙においては比例代表制がとられているため、支持率がほぼ忠実に議席数に反映され、Ａｆｄの大幅な議席獲得につながった。さらに、その後の難民対策をめぐる政権内の混乱は、与党各党の支持率低下とＡｆｄに対する支持率増大を招き、18年秋には一部の調査でＡｆｄの支持率がついにＳＰＤを抜いて第二位となる事態となった。(10)

イタリアでは、18年3月の総選挙を受け、6月、反EU的立場をとる「五つ星運動」「同盟」が連立政権を担うことになった。

近年のイタリアの政権は、民主党を中心とする中道左派連合と、フォルツァ・イタリア、北部同盟（現「同盟」）等からなる中道右派連合の二大勢力が、その時々の力関係によって大連合を組み、成立させてきた。しかしながら、ベルルスコーニ首相の汚職や不祥事の疑惑の頻発と政争の継続は、これら二大勢力とは別に、第三極とも呼べる政治勢力「五つ星運動」を生み出し、これが13年の総選挙から頭角を現し、特に15年から16年にかけて国民の支持率を伸ばした。大量の難民流入の中で、EUとの関係見直しを訴える主張が国民に響いた面もあると思われる（16年6月にローマ市長に当選し、「美しすぎる市長」ともてはやされたビルジニア・ラッジも、「五つ星運動」の所属である）。

「同盟」は、中道右派連合の中で特に難民問題に対して強硬な姿勢をとり、難民の流入増大とともに支持率を高めていった。難民流入数は、ヨーロッパ全体でみると15年で頭打ちとなったが、イタリアに到着する難民はその後も増え続け、17年には15年の5割増の12・7万人に達した。(11)「同盟」はまた、最も反EU色が強く、EU離脱またはユーロ離脱を問う国民投票の実施を主張していた。「同盟」はもともと「北部同盟」と名乗り、経済発展の進む北イタリアが南イタリアの面倒をみているような構図に反発していたが、やや政策の軌道修正を行い、どちらかと言えば反ＥＵの色彩を強めてきた。

このように反ＥＵ色の強い両党による政権が成立したことは、それまでの既成政党による親ＥＵ路線をイタリア国民が拒否したことを示していた。[12][13]それは、ＥＵの前身であるＥＣの原加盟国であり伝統的に親ＥＵ姿勢をとってきたイタリアの大きな転換であった。[14]

このほか、すでに難民危機との関連で述べた、オーストリアの反移民・極右政党自由党の台頭、オランダの反イスラム・反ＥＵの極右自由党の躍進、スウェーデンの反移民極右スウェーデン民主党への支持拡大の状況も、ＥＵ及び各国政府の難民受入れ方針を契機とした反ＥＵ世論の一定の高まりを示すものととらえることができる（第二章3参照）。

ＥＵ内で再発する冷戦

東欧においては、これらと全く異なる形で「自由」と「民主」の衝突が起きている。

ＥＵ（ＥＣ）は58年のローマ条約により、フランス、西ドイツ、イタリア、ベルギー、オランダ、ルクセンブルクの六か国で設立されて以降、徐々に加盟国を増やしてきた。冷戦終結を経た04年から07年にかけては、東欧諸国を中心に12か国が新たに加盟することになり、急激に地理的範囲と多様性が拡大した。

この時に加盟したポーランド、ハンガリーにおいて、ＥＵの基本的価値観に逆行する動きがみられている。この二国ともに近年、反イスラムの排外主義的政党が政権を担っている。ポーランドでは、15年の大統領選挙・総選挙にて勝利し政権を獲得した「法と正義」（19年10月の総選挙でも過半数を維持）であり、ハンガリーでは10年の総選挙に続き、18年4月の総選挙でも3分の2を獲得して政権基盤を強化している「フィデス」である。これだけを見ると、他のヨーロッパ諸国における排外主義政党の台頭の動きと共通するようにも見えるが、両国でこれらの政党が支持を受ける背景は、他のヨーロッパ諸国とは大きく異なっている。

というのも、ポーランドやハンガリーは、ＥＵ予算から巨額の支援金を受け取っており、輸出入においても他のＥＵ加盟国との相互依存関係が大きい。したがって、経済的側面においては、ＥＵ加盟による恩恵を存分に受けているのである。この点、ＥＵからの緊縮財政の要求に対して反発が強くなっている南欧諸国とは対照的である。

一方で、ポーランド、ハンガリーは、EUが中東・アフリカからの難民を各国で分担して受け入れようという方針に強く抵抗しているほか、自国内で司法の独立等を害する動きをとっており、EUの価値観に逆行する姿勢を見せている。

ハンガリーの「フィデス」政権は従来より反移民・難民政策を推進しており、物理的に難民の流入を阻止するフェンスを建設するなど、強硬姿勢を見せてきた。選挙で圧勝した後、18年6月には、難民に対する支援活動を犯罪とし、禁固1年までの刑事罰を科す法案を可決したほか、外国人の定住を認めないとする憲法改正も行った。司法権との関係では、検事総長の権限を拡大し、法務大臣との兼職を可能としたほか、最高裁判事の定年を早めるとともに任期延長の裁量を大統領に与えるなど、司法への政権の関与を強めてきた。

ポーランドの「法と正義」政権も、EUによる難民受入れ分担案に強く反対するなど、反移民・難民の強い姿勢をとってきているほか、ハンガリーの例にならうかのように、司法へのコントロールを強めている。最高裁の判事を政権が事実上自由に任免できる制度を導入したほか、憲法裁判所の違憲判決を公表も順守もせずに黙殺するなどしてきた。さらに、公共放送の執行部や監査委員会の任免権を独立組織から政府に移管し、メディアへの統制も強めている。

ハンガリーとポーランドで対照的なのは、それぞれの政権基盤の強さの違いである。ハンガリーの「フィデス」は憲法改正に必要な3分の2の議席を押さえているため、憲法改正を行いつつ司法権に対する政権のコントロールを強めてきた。これに対し、ポーランドの「法と正義」は3分の2に達していないため、憲法を改正しないまま、憲法裁判所の判断と対決する形で司法権に対するコントロールを強めてきた。このため、ポーランドの方が、少なくとも形式としては、より露骨に「法の支配」を侵す形になっている。

これによりハンガリーの場合とポーランドの場合では、EU側の対応に温度差はあるもの(15)の、両国の行動がどちらもEUの重んじる司法権の独立や報道の自由を阻害していることは明らかである。欧州委員会は両国を激しく非難しており、特にポーランドについては制裁の可能性も浮上している。

EUには除名処分を行う制度はないが、権利の停止を行うことはできる。ただし、その発動には、対象国を除くEU加盟国が全会一致で決定する必要がある。ハンガリーとポーランドは互いの立場を支持しているため、ハンガリーに対する制裁にはポーランドが反対し、ポーランドに対する制裁にはハンガリーが反対すると見込まれる。それゆえ、実際に制裁の発動に至る可能性は低い。(16)

両国におけるこのような展開は、両国がＥＵからの経済的恩恵という「利益」にあずかりながら、人権、民主主義、法の支配という「価値」の共有には抵抗する姿勢を示していることを意味する。このような政府の姿勢が両国民の支持を受けているということは、旧東側諸国における真の民主化、自由主義化がいかに困難であるかを物語っている。

そもそも、両国がＥＵに加盟するに際しては、ＥＵが促進する基本的価値である人権、民主主義、法の支配を受容し、尊重することが条件とされていた。具体的な新規加盟基準は、93年6月に決定されたコペンハーゲン基準にて定められている。ここでは、ＥＵの法体系全体を受容し、これを国内的に担保する法制度を整えることや、市場経済が機能していることに加え、民主主義、法の支配、人権及びマイノリティの尊重と保護を保障する安定した制度を備えることが求められている。したがって、この基準をクリアして加盟した両国は、そのような制度を備えていると認められたわけであるが、加盟によって生じる経済的利益の前に、いわば押し付けられる形で付け焼刃的に法整備を進めた両国の国民に、このような基本的価値の重要性は十分に浸透しなかったのかもしれない。

両国におけるこのような動きは、ＥＵにおける共同体意識の促進と「価値」に基づく秩序形成に向けた努力に暗雲をもたらすものとなっている。

2　ＥＵにおける自由と民主

「民主」的統治の機能不全

本書では既に、グローバル化していったのは、「自由」だけであり、「民主」は引き続きナショナルなままであることを述べた。ＥＵの取組は、まずは経済面を中心とした「自由」の地域的拡大を進め、それを追う形で「民主」的な統治も、国境を越えてヨーロッパ全体に広げようとするものである。その意味において、ウェストファリア理念からの脱却を図っていると言える。

しかしながら、これまでに述べたヨーロッパ各国におけるＥＵへの反発の高まりは、この取組が難航していることを示している。

そもそも、ＥＵの運営には、欧州理事会（ＥＵ首脳会議）や閣僚理事会の場で行われる主権国家間の調整という政府間主義的側面、および、個別の国益を超えて「ＥＵ益」を追求する独立の機関に委ねられるという超国家主義的側面が併存していると言われる。[17]この「ＥＵ

益」の追求において十分に民意が反映されなければ、「民主」的統治の拡大にはならず、官僚主義、非民主的という批判が強まる原因となる。

EUでは、首脳レベルの欧州理事会が決定した基本方針に基づいて、独立機関である欧州委員会が法案を提出し、閣僚理事会と欧州議会が賛成すれば成立する。したがって、まずはこの首脳レベルの決定において各国国民の民意が反映されているはずであり、また個別の法案の検討のレベルでは、閣僚理事会での各国政府の姿勢への民意の反映、および各国国民による直接選挙で選ばれる欧州議会議員の行動への民意の反映によって、民主的プロセスは担保されるはずである。しかしながら、実質的な意味合いにおいては、それが十分に機能していないのである。

そもそも法案を提出する権限は欧州委員会が独占している。これはまさに、各国の自己中心的な「特殊意思」によって、EU全体が自由で民主的な価値のもとで行動することが妨げられないようにする趣旨であり、各国政府から独立してEU全体を視野に入れた「一般意思」を形成できるように編み出された工夫である。このコンセプト自体は理解されうるものであるが、これによって閣僚理事会や欧州議会には受け身的な役割しか与えられないこととなった。欧州理事会でどのような基本方針が決定されようとも、具体的な法案を提出するか否かは欧州委員会の判断次第である。また閣僚理事会や欧州議会が欧州委員会の意に反する修正を行おうとした際に、欧州委員会は提案自体を取り下げることで、この修正を拒否することができる。このように、実質的にはＥＵ各国市民の民意は非常に反映されづらくなっており、ＥＵが非民主的であるという不満が高まるのである。

社会において秩序を形成する時、いかに特殊意思を排除し、一般意思を構成するかは非常に重要であるが、一方で非常に難しい。秩序における拘束は合意を基礎にしなければならず、民主的な意思反映のプロセスが必要である。このメカニズムの構築において、十分に民意を反映させ、それでいて特殊意思を排除する、その匙加減には絶妙なバランスが求められる。

国内における通常の民主的意思決定過程においては、選挙によって直接選ばれた大統領が政府指導部を組織する（大統領制）か、または選挙によって選ばれた議員によって構成される議会の多数派に依拠する首相が政府指導部を組織する（議員内閣制）。議員内閣制の場合はもちろん、直接選挙で大統領が選ばれる場合も、議会は政権を支持する与党とこれに反対する野党とで構成され、その議会における与野党間の議論を通じて一般意思が形成されていく。ところが、ＥＵにおいては、政府にあたる欧州委員会は加盟各国から一人ずつ指名される委員で構成される。委員長の人選と委員会全体の構成について欧州議会の承認を受けることとはなっているが、欧州議会が直接選出するわけではない。したがって、EUの場合の民意の反映は、国内政治の場合に比較して、非常に迂遠な形になっている。

また、このことは同時に、欧州議会における与野党関係の不在を意味する。欧州委員会を支持する勢力と批判する勢力という明確な関係が存在しない。このため、欧州委員会の行動に反対する勢力は、EU各国の国内で組織されていき、各国の国内プロセスを通じて政府の方針にその反対意見を反映させ、欧州理事会や閣僚理事会に影響を与えていくことになる。このような構造的な問題も、各国内における反EU勢力の台頭につながっているとみられる。

ジャンドメニコ・マヨーネ欧州大学院大学名誉教授は次のとおり述べている。

「欧州議会が議会制民主主義の立法府と異なるのは、課税し、支出し、立法を発議し、および政府の行為を法的に有効とするといったことができないからだけではない。最も根本的な違いは、EU内には従来の政府対野党の弁証法的な対立が存在しないことである。これがないとどのような状況になると考えられるかというと、EUの有権者は、欧州のガバナンスに説明責任を負わせるのに適切な政治活動の舞台を奪われるため、欧州に対する野党的な組織ならばとにかく支持せざるを得なくなる。[18]」

近年の経済的停滞がEUについてのこのような批判をさらに先鋭化させている面も指摘される。意思決定過程において自らの意見が十分に反映されていないと感じても、結果として全体が良い方向に向かっていると感じることができれば、人は納得するものである。欧州統合のプロセスにおいても、戦後から70年代半ばまで、ヨーロッパは安定した経済成長を続けており、そのことに人々は満足していた（この時期の経済的好調も、そもそもECの存在によってもたらされたものか疑問視する向きもあるが）。しかし、その後少しずつ成長が鈍り、09年の債務危機以降は厳しい失業と経済格差に見舞われている。このような状況は、自らの意思の反映によってもたらされたのであれば致し方ないと思う余地もあるだろうが、自らの意思を離れたところでエリートたちが勝手に決めてきた結果だと思うと、受け入れがたいものとなる。[19]

経済運営における限界

また、単一通貨ユーロの導入により、経済運営全体において民主的意思決定が困難になっていることが指摘される。単一市場と不可分一体とされている単一通貨ユーロの導入であるが、これにより金融政策と財政政策の主体が分離している。もちろん、ユーロ圏以外の先進国においても、国内において中央銀行が政府からの独立性を保つのが通常であるが、責任を有する経済の範囲に大きなズレが生じているという意味において、ユーロ圏各国は特殊な状況に置かれている。

特にこれは、ギリシャやイタリアなどの南欧諸国との関係において生じている問題である。南欧諸国では、それより北にある国々に比較して労働生産性の上昇率が低い。その原因については様々な議論があるが、その実態をふまえて、本来はそれに応じた政策的調整が必要になる。しかしながら、個々の民主主義国家には、その調整のための十分な手段が与えられていないという問題がある。

そもそも、単一通貨の採用は、域内の経済状況や経済のトレンドが類似していることが大前提となる。もし、ある国の経済状況がこのトレンドから離れ、相対的に悪化する場合、国家間で通貨の変動相場制が採用されていれば、政策金利の変更やマネーサプライの操作等の独自の金融政策とそれによる為替相場の変動により、景気調整を行うことができる。しかしながら、単一通貨ユーロを採用しているということは金融政策手段の放棄と固定相場制の堅持を意味し、このような独自の金融調整を行うことができない。

そのような金融的な調整が行えない以上、当該国は国内の財政面での調整に頼らざるをえない。しかしながら、専ら財政面の調整に依存すれば、必然的に財政赤字の拡大と公的債務の累積を招くことになる。ＥＵでは、債務危機への対応の一環として11年に財政規律を維持する規則を定め、財政赤字をＧＤＰの３％以内に抑えること、国債残高をＧＤＰの60％以下に抑えることが定められた。このような財政規律については、その後運用面で大きく柔軟性を与えられてきたが、その柔軟性をもってもＥＵ側として容認できないレベル（18年の公的債務残高の対ＧＤＰ比率がギリシャ193・7％、イタリア147・3％）に達してきており、ＥＵ側の要求に国民が反発する構図が表れている。

単一通貨を導入する以上、こうした経済的状況の不均衡な変化があった場合、直接的には富裕国から困窮国への財政移転によってこれをカバーし、中長期的には、賃金調整とその結果引き起こされる労働力の移動によって、状況が平準化されることが必要となる。しかしながら、ユーロ導入時点では、このような対応についての明確な合意は得られていなかった。

そもそも、経済的に安定している国では、自らの勤勉な努力によってその安定を実現しているという意識が高く、そうした努力を怠っている国を支援することに抵抗感がある（同じイタリアの中でさえ、北部地域には南部地域に対してそのような抵抗感を抱く人が多い）。

そのため、想定したような財政移転は容易ではない。また、国の範囲を越えた労働市場の流動化は、異なる言語、異なる文化、異なる生活環境のもとに人が移動することを前提とする。それは、親類縁者や友人から遠く離れることを伴う。そのようなことは、出稼ぎのように部分的にはあり得ても、大きな経済トレンドの差異を相殺するほどの規模では実現しえない（なお、ポーランドなどの東欧諸国からは、多くの国民が英国やフランスに移民として移り住み仕事をしていることが指摘される。このことが逆に、行先国の国民に不安感や警戒感を与え、英国がEU離脱を決定する動機のひとつにもなった）。

02年にユーロが導入されるにあたり、その時点でのユーロ圏各国の経済状況を踏まえて、それまでの各国通貨とユーロとの間にレートが決定・固定化された。その後、欧州債務危機を経て20年近くが経過する中、経済構造の不均衡な変化が累積しており、「だましだまし」の調整でしのぐことが困難になってきている。これが、ギリシャやイタリアにおける財政赤字の累積を招き、ひいては反ユーロ、反EUの姿勢に結び付くひとつの大きな要因になっている。

ブルガリアの政治学者イワン・クラステフは次のとおり述べている。

「今日、誰が見ても明らかな点として、共通した財政政策によりユーロを支えられるような政治同盟は、ＥＵ加盟諸国が完全に民主的である限り達成しえない。市民はそれを、とてもではないが支持しないであろう。しかし、共通通貨の崩壊は、ＥＵの分断化につながる可能性があるのと同時に、ＥＵの周縁諸国に権威主義の台頭をもたらすことになってしまうかもしれない。過去のどの時代とも異なり、「一層緊密化する連合」（ＥＵ基本条約前文）と「一層深化する民主主義」という目的は、対立の関係にある。[20]」

マクロン仏大統領は、後述のソルボンヌ大学における演説において、次のとおり述べている。「もし我々が異質性を減らし、共通財――その第一は通貨であるが――を発展させたければ、我々はそのために資金を投入することが必要である。それぞれの国は、もはや金融政策を決定しえない以上、経済危機に単独で対処することはできない。経済的なショックに対処するための安定化の手段として、（ヨーロッパ全体として）一層の投資が必要なのである。」

この、金融と財政の不一致の問題により、欧州中央銀行の金融エリートによる金融政策に対し、財政規律によって手を縛られた各国の民主的財政政策が従属的関係を強いられることとなり、市民の民主的意思が経済運営に反映されづらくなっているのである。経済面におけるグローバリゼーションの進行と、民主主義の適用範囲の乖離という、世界全体が抱えている問題の縮図のような状況と言える。

国境を越えた共同体意識への挑戦

この問題の根底には、国境を越えた共同体意識を有することの難しさがある。各国内に存在するような共同体の意識、同じ仲間として立場の弱い人をすすんで助けるという意識がヨーロッパ全体としては十分に育成されない中で、[21] 単一通貨の導入をはじめとする「自由」の拡大を急いだことによる弊害が生じていると言える。導入時点で、将来的に経済的に困難な状況に陥った国に対する支援のあり方、危機対応についての合意が得られなかったことは、そうした共同体意識の不十分さを象徴している。すなわち、そのような共同体意識の不足と、民意が十分に反映されないEUの意思決定（自らの参加しない意思決定によって共同体意識を強制される状況）が、EUに対する抵抗感を生んでいるのである。

そもそも、本質的に主権に属する自己決定権を、各国が部分的・機能的にEUに委譲するプロセスは、国家の枠を超えて共同体としての意識を持つことが前提となる。人の往来を自由化し、関税を取り払い、通貨を統合するということは、域内の他国における治安の悪化や経済状況の悪化が直接的に影響することを受け入れることを意味している。それは、隣国の抱える困難や課題に共に取り組もうという「仲間」としての意識である。伝統的には自国内・同一国民の範囲に限られるような共同体意識、つまり、自らの身を削っても助けようと思える「仲間」の意識を、国境を越えて域内に広げていこうという意識が必要なのである。とはいえ世界全体における多様性と比較すれば、EU諸国の同質性は高く、そのことに後押しされる形で、通常の国家間に比べれば、人々の間に高い共同体意識が育まれてきたと言えるだろう。

このことは、EUにおける多数決方式にも表れている。欧州議会では、各国ごとの議員定数は一定ではなく、各国の人口を勘案し、より人口の多い国がより多くの議員を選出することとなっている。通常の主権平等の国際関係においては、国際場裏において各国が一票を投ずる権利がある。すなわち人口の多寡にかかわらず、決定に対して対等の影響力を行使するのである。それに対して欧州議会では、人口の多い国がより多くの影響力を行使することとなっており、それは各国一票の原則を離れ、各市民一票に近づくものだと言える。現状では、市民ごとの投票価値の平等にまでは至っていないが、欧州議会の前身である一般総会以降これまでの経緯において、趨勢的に投票価値が平等に近づいており、[22]最近では各国ごとの選挙区とは別に、EU単一選挙区を導入する議論も行われている。

この考え方は、閣僚理事会にも反映されている。閣僚理事会の出席構成は、各国一席であり、通常の国際会議と同様である。ここではまずコンセンサスを追求するのがプラクティスになっているが、票決に進む場合においては、国票と人口票の二重多数決という特定多数決方式をとっている。国票としては、加盟国数の55％の賛成が求められ、これは一国一票の多数決をやや強化した形になっている。これに加えて、人口票としてEU人口の65％を占める国の賛成が必要とされる。これも欧州議会と同様、各国一票の原則をはなれ、EU市民の各人一票に近づくものである。

もちろん、このような人口の要素の加味は、つまるところ大国の発言権を強めているだけという批判もあり得る（現在人口が最も大きいのはドイツ）。実際の効果としては、人口の大きい大国に緩やかな形で相対的な拒否権を付与しているということにもなろう。しかしながら、各国の内政においては、どの地域に居住しようとも、同等に政治的な発言権を持つというのが民主主義の基本である。一人ひとりの投票価値を同等に近づけるEU内の動きは、国同士の平等から市民同士の平等に近づく動きである。国というある意味抽象的な枠組みをまとい、国益と国益をぶつけるのではなく、人と人との間での平等、思いやり、人権の尊重を考えて行動する姿勢を目指すものである。これは、国境を越えて、EU全体で共同体意識を共有しようというプロセスにあることを示すものと捉えられる。

金融支援の枠組みも、債務危機を契機に、徐々にではあるが形成されてきた。そもそもEU機能条約では、制御不能な例外的事態の場合を除き、EUや加盟国が債務の肩代わりをして他の加盟国を救済することは禁じられている（第125条救済禁止条項）。しかしながら、欧州債務危機をきっかけに、例外的事態への対応として、10年に欧州金融安定化メカニズム（EU、600億ユーロ）、欧州金融安定ファシリティ（EU枠外、ユーロ圏諸国、4400億ユーロ）が設立され、12年にはそれらを恒久的な枠組みとする欧州安定メカニズム（ユーロ圏諸国、5000億ユーロ）が設立された。これらの枠組みによる支援を行う前提として、対象国が厳しい財政規律などの条件をクリアすることが求められるが、当該国による努力を前提として各国が手を差し伸べ、協力して債務危機という共通の困難を脱しようという共同体意識の高まりがみられる（なお、この導入の議論の過程においても、「与える側」となるドイツは一貫して抵抗感を示していたことが指摘される）。

このように国境を越えて「仲間」としての意識が醸成されていく流れは、自由主義経済のグローバル化がもたらす恩恵を享受しつつ、そこで生ずるゆがみをより有効に修正するための基礎になりうるものである。これらの金融支援は、各国が国内において行っている所得再分配を、国際的に行うものとみることができる。

しかしながら、近年のＥＵ各国におけるＥＵに対する抵抗感の高まりは、このような国境を越えた共同体意識が、国内における共同体意識と同程度のものになるには、依然として多くの困難があることを示している。そのことは、支援を与える側すなわち相対的に裕福な国における抵抗感とともに、支援を受ける側の国でも、支援と引き換えに求められる緊縮財政の厳しさに対する抵抗感として現れている。逆に言えば、そこまでの自助努力をしなければ支援を受けることに理解が得られないという意味において、共同体意識に限界があるということである。

ＥＵ改革の議論

このような中、ＥＵ改革の議論も進展している。その先陣を切っているのが、フランスのマクロン大統領である。ヨーロッパ全体において反ＥＵの雰囲気が漂う中、親ＥＵ姿勢を明確にしながら選出されたマクロン大統領にとって、ＥＵの求心力を高めるための改革は自らが進めるべき重要なアジェンダであると認識している。

17年9月、マクロンはパリのソルボンヌ大学にてＥＵ改革に向けた演説を行った。そこで、マクロンは「主権を持ち、団結した、民主的なヨーロッパ」を目指すことを宣言した。

ここで注目されるのは、「主権」を持つのは各加盟国ではなくヨーロッパとされたことである。もちろん、これは文字通りに各国の主権を取り上げるという意味ではなく、象徴的な意味合いとして、各国の個別の利益ではなく、ヨーロッパを一つの単位としてとらえ、ヨーロッパ全体として団結することを唱えたものである。

マクロンは「ヨーロッパ主権」の鍵として、安全保障や移民対策を挙げるとともに、ユーロ圏をヨーロッパ経済の核とすべきと述べ、経済危機に対応するための共通予算の創設を訴えた。また一方で、「団結したヨーロッパ」のために、各国の社会・財政政策を収斂させていくことを主張した。そして、ヨーロッパへの帰属意識を高めるため、ヨーロッパ内での若者の交流や大学ネットワークの構築を提案した。さらに「民主的なヨーロッパ」として、欧州議会の越境選挙区（EU全域にわたる選挙区）の創設を訴えた。

マクロンの提案に通底するのは、各国国民が自らの国よりはむしろヨーロッパ全体への帰属意識を強め、ヨーロッパの中の問題はどこの国の問題でも自分の問題としてとらえ、ヨーロッパ各国と一致して協力していきたいと思う、そういう心情、共同体意識を育むことへの挑戦である。それこそが「ヨーロッパ主権」の基礎になるものであり、国境を越えたヨーロッパ全体としての民主的秩序の形成につながるものなのである。

しかしながら、マクロンの理想は容易には実現しないであろう。ＥＵは急速に拡大してきており、歴史、文化、生活様式などにおいて非常に大きな多様性を備えるにいたった。ポーランド、ハンガリーの例に典型的にみられるとおり、価値観を共有して共同体意識を高めることはますます困難になっている。ユーロ圏共通予算を設け、事実上北から南への財政移転を進めることに対しては、ドイツなど「与える側」となる国が必然的に抵抗することになる。18年6月には共通予算の創設自体には仏独間で合意が見られたが、その規模についての考え方には隔たりがある。20年5月、仏独はコロナ禍からのヨーロッパ経済の再建に向けて５０００億ユーロの基金の設置を提案、これを受けて同月欧州委員会は７５００億ユーロの復興基金の創設を提案した。これを契機に共通予算の実現に一歩進む可能性もあるが、域内からはすでに異論も出ている。

ＥＵが現在の難局を乗り越えられるか否かは、国が国家主権の枠を超えて、どこまで「価値」にもとづく共同体意識を広げ、それによって民主主義を広げていけるのか、その先行きと可能性を占うことにもなる。経済のグローバル化による富の分配の大規模化、高度化、高速化とそれによって深刻化する経済格差を、いかに民主的に補正していけるか、自由と平等をどのように実現できるかが問われているのである。

（1）細谷雄一『迷走するイギリス――ＥＵ離脱と欧州の危機』慶應義塾大学出版会２０１６ p９
（2）国民投票の実施は、１９７４年の総選挙に当たって労働党が公約に掲げていたもの。
（3）リスボン条約上、加盟国が離脱の通知を行ってから2年後に離脱が発効することとなっている。英国は国民投票の後、国内手続を経て17年３月29日にこの通知を行ったため、19年の同日が当初の離脱発効予定日となった（合意にもとづき3回延期された）。
（4）当面は「移行期間」とされ、少なくとも20年末までは従来のＥＵとの関係を継続し、その間に今後の英国とＥＵとの関係（市場アクセス等）について協議することとなっている（合意により最長２年間延長される可能性あり）。
（5）14年成長率ＥＵ平均１・79％に対し英国２・95％、失業率ＥＵ平均10・21％に対し英国６・11％、15年成長率ＥＵ平均２・32％に対し英国２・35％、失業率ＥＵ平均９・39％に対し英国５・30％（OECD, *Economic Outlook 2020*（June 2020））
（6）ジニ係数09年０・３７４→15年０・３６０、相対的貧困率08年０・１２３→15年０・１０９（OECD, *Economic Outlook 2020*（June 2020））
（7）https://lordashcroftpolls.com/2016/06/how-the-united-kingdom-voted-and-why/
（8）読売新聞20・１・25
（9）19年5月の欧州議会選挙ではフランスに割り当てられた議席数74席のうち最大の22席を獲得（ただし前回選挙より２議席減）。
（10）調査会社ＩＮＳＡ／読売新聞18・９・29
（11）イタリアにおける難民認定申請者数（ＥＵＲＯＳＴＡＴによる）：14年6・4万人、15年8・3万人、16年12・1万人、17年12・7万人
（12）政策面においては、親ＥＵのマッタレッラ大統領（首相候補を指名し組閣を指示する権限を有する）の働きかけにより、両党による連立政権は反ＥＵ姿勢を抑制することとなった。ＥＵ離脱やユーロ離脱にかかる国民投票の実施といった強い反ＥＵ政策は取り下げられ、かわって弱者対策を進めるための財政猶予と難民受入れの平等化をＥＵに求める形となった。
（13）調査会社ＩＰＳＯＳの18年5月末公表の世論調査では、ＥＵを信用するとのイタリア国民の回答は34％にとどまり、11年の70％から大幅に減少した。
（14）その後、「五つ星運動」の支持率低下を受け、「同盟」はその発言力拡大をねらい、19年8月連立解消を宣言。9月に、「五つ星運

動」と中道左派「民主党」の連立政権が誕生した。

(15)このほか、ハンガリーの「フィデス」が欧州議会の最大会派欧州人民党EPPに所属していることも、EUの同党に対するやや緩めの姿勢につながっているとの見方もある(庄司克宏『欧州ポピュリズム――EU分断は避けられるか』ちくま新書2018 p148など)。

(16)EU側としても、これらの国々を突き放してしまうと、中国、ロシアにつけ入る隙を与え、民主化にさらに逆行することとなる懸念がある(ハンガリーのオルバン首相は18年9月に訪露し、プーチン露大統領との間で両国関係強化で一致している)。東欧諸国がEU補助金という大きな恩恵を受けていることをレバレッジとして、人権、民主主義というEUの重視する価値を促進する働きかけを追求していくものとみられる。

(17)庄司克宏『欧州ポピュリズム――EU分断は避けられるか』ちくま新書2018 p69

(18)ジャンドメニコ・マヨーネ『欧州統合は行きすぎたのか』(庄司克宏監訳)岩波書店2017上巻p84

(19)マヨーネはこの点につき次のように述べる。

「半世紀の間、欧州のエリートたちは、統合をポジティブサム・ゲームであると見せることがおおむねできていた。しかし、ユーロ危機が始まって以降、最も無頓着な市民でさえも、統合が便益だけでなくコストも伴うことや、便益がコストを上回ることをもはや当然視できないと実感している。これが、過去においてよりも今日、貧弱な経済実績がEUの正当性と長期的な存続をいっそう脅かす理由である。」(同右下巻p291)

(20)イワン・クラステフ『アフター・ヨーロッパ――ポピュリズムという妖怪にどう向きあうか』(庄司克宏監訳)岩波書店2018 p67

(21)第四章3で言及したWorld Value Surveyの調査結果を参照のこと。

(22)欧州議会の前進である一般総会(1952~)においては格差約38倍、欧州議会総会(1958~)においては約29倍、欧州議会直接選挙が開始された1979年以降は約12倍。

第六章

「自由」と「民主」——どちらも守る

CHAPTER 6

1929年のウォール街における株価の暴落は、瞬く間に世界全体に影響を及ぼし、世界恐慌につながった。それまでの自由主義経済が経験したことのない大パニックであった。自由放任主義への反省から、ケインズの『雇用・利子および貨幣の一般理論』（1936年）が誕生した。一方で、自由主義経済の苦境は、ファシズムを台頭させるとともに、社会主義を一層勢いづかせることになった。

自由主義経済の取扱いを誤ると、リベラルな価値観そのものを否定する世論を高めることになる。経済が苦しい時、どの国の国民も内向き志向になる。現在、欧米各国で見られる迷走は、そのような状況を垣間見せている。米国のトランプ大統領の誕生や英国のEU離脱、ヨーロッパにおける排外的主張の高まりは、拡大し続ける「自由」に対して「民主」によるコントロールを回復しようとする動きの噴出である。時を同じくして、「自由」「民主」の価値を共有しない中国が急速に台頭してきていることは、更に人々を戸惑わせている。

既に述べたとおり、リベラルな価値観の両輪である「自由」と「民主」は補完と緊張の関係にある。両者のバランスを間違えば、リベラルな価値そのものに対する疑問を生じてしまう。「自由」の拡大に「民主」の拡大が追い付かなければ、「自由」そのものを疑問に感じたり、あるいは「民主」の機能を歪ませても「自由」を抑えようという動きが強まるのだ。

1 資本主義を終焉から救う

資本主義の機能は限界に来ているのか

「自由」の価値に対する揺らぎは、特に、自由主義経済ないし資本主義に対する不信感の増大という形で表れている。本書で述べてきたグローバリゼーションのもたらしている課題は、「自由」の経済的発露によるものである。典型的に表れている格差の問題は、長期的な世界経済の停滞によって一層深刻なものとなっていることを述べたが、この世界経済の停滞は今後も変わることのないニュー・ノーマル（新常態）であると強く言われ始めている。長期的な世界的低金利は、資本主義の経済活動による「利ザヤ」が消滅していることを意味し、資本主義は終焉に近づいているとする。

ドイツの社会学者ヴォルフガング・シュトレークは、70年代の石油危機をきっかけに先進国の経済が滞り、それ以降は見せかけの成長を創造してきたと主張する。

「低成長を放置すれば、分配をめぐる衝突に発展しかねない。それを回避し、人々を黙らせておくために、様々なマネーの魔法によって『時間かせぎ』をしてきたのである。まずはインフレで見かけの所得を増やした。それが80年代ごろに行き詰まると、政府債務を膨らませてしのいだ。財政再建が求められた90年代以降は、家計に借金を負わせた。その末路が08年の金融危機だ。今は中央銀行によるマネーの供給に頼りきりだ。(1)」

日本の経済学者水野和夫は、また別の角度から資本主義の終焉に言及する。水野は、資本主義の本質は、「中心＝先進国」と「周辺＝途上国」という二項対立の世界観であるとする。それは富、資源、マネーを「周辺」から蒐集して「中心」に集中させるシステムであり、グローバリゼーションの時代においてもこれは不変であるとする。しかしながら、グローバリゼーションによって新興国の経済水準が上がると、それらの国が「周辺」たりえなくなる。そこで国家の内側に「中心／周辺」を生み出すこととなり、あらゆる国で格差が拡大することとなったとする。(2)

このような考え方は、景気循環の波（特に、コンドラチェフの波）に乗って、いつかは世界経済が景気の底を脱し、成長期に入ることができると信じている多くの人にとって、衝撃的である。

確かに、人間社会の発展が、（一定の循環を経たとしても、）趨勢としてこのまま直線的にいつまでも継続していくと考える方が、無理があるのかもしれない。我々は、地球というひとつの星の上に生存している生命体である。人間社会の今後を考えるくらいの短期においては、地球の絶対的な大きさやそれがもたらす資源などの恩恵に大きな変化はないであろう。にもかかわらず、世界人口は増大を続けており、少なくとも２０４０年頃まではこれが続くと見られている。単純に数が増えるのみでなく、一層の豊かさを追い求める我々は、数の増大に比例する以上に自然に対する負荷を増加させ、またその負荷を抑えるためにますます自然から遊離した活動を行うようにもなる。原子力発電や遺伝子組み換えなどの「不自然さ」に抵抗感を覚える人々もいるが、これらは人間が自然と共存していくために編み出された知恵の結晶とも言える。

社会科学の分野においては、これまで地球やその環境という絶対的な範囲による制約はあまり考慮されてこなかった。経済や社会のシステムは、人間同士の約束や認識によって、ある意味においてゲームのように、自然から切り離された形でも成立しうるものであった。かつては、経済の血液である貨幣に対する信頼を維持するために、金本位制がとられ、その限りにおいて人間の経済・社会と地球が連結されていた。第二次大戦後に復活したそのシステムも、71年にドルと金の兌換が停止されることで解消され、人間の経済・社会と地球のつながりはますます相対化していった。人々の主観の総和で回転してきた経済社会は、いつのまにか自然の実態から離れていったのであろうか。そして金融資本主義の進展や経済のデジタル化は、これをさらに遊離させていったのだろうか。自然との距離感を曖昧にしたままここまでやってきた我々は、ついにその限界に近づいたということなのであろうか。

経済成長と人間社会の発展

一方で、世界的な経済の停滞が見られた過去10年程度を振り返ってみて、人間社会の発展そのものが滞っていたであろうか？　ＧＤＰが表す経済規模に関しては大きな変化はなかったかもしれない。格差の拡大によって苦しんでいる人たちもいる。経済のパイが大きくならなければ、再分配政策が大きな困難を伴うことは事実である。全体の伸びがゼロである中で格差が広がれば、格差の下側にいる人たちの収入は減少していくのである。そしてその穴埋めをしようとすれば、格差の上側にいる人の収入の増分をすべて取り上げることとなり、政策としてそれはほぼ実行不可能であろう。

しかし、良いことも多かったはずだ。情報通信技術の進歩は、様々な情報へのアクセスと発信を可能にし、我々の生活様式の可能性を広げた。10年前に２０００ドルで購入した38インチ型のテレビを、今は1000ドルで49インチ型に買い替えることができる。新たな抗がん剤や免疫療法の開発、iPS細胞の実用化の進展は、10年前に命を落とす原因となっていた病から人を救うことも可能にしている。

これらは、やはり資本主義のもたらした成果であろう。資本主義は、人間の欲望を社会への貢献に変換していく効果的な手段であり続けている。貨幣経済が、あらゆる商品・サービスの価格設定を通じて、その生産や消費に関する情報を凝縮・単純化し、あらゆる人間と社会をつなげている。人々は購入・消費という行動によって社会が求めている変化、発展の方向性を示し、それにこたえる形で企業の生産活動が調整され、新たな技術が開発され、求められる方向に社会が変化・発展していく。GDPの増加としては表れなくとも、人間社会が抱える困難の克服や、より明るい未来のために、アンバランスからバランスに向かう力を資本主義が与え続けているのである。したがって、もし仮にGDPが大きく成長する時代が戻ってこなかったとしても、資本主義、自由主義経済の価値が失われるわけではない。

「欲望」の変化

社会の豊かさが極限まで達し、もはやそこに住む我々に「欲望」といえるものがなくなる

（すなわち、完全なバランスが達成されてしまう）状況になれば、その欲望がインプットされることで動く資本主義も機能しなくなるであろう。しかし、現代において物質的必要はますます満たされるようになってはいるが、我々が生存し活動している以上、必要なものがなくなるわけではないし、より豊かで充実した生活を求める欲望がなくなる状況は想定しがたい。

確かに、我々がモノを「所有する」という欲望の形には変化がみられる。「所有する」と言っても、車や住居の共有といった「部分的な所有」であったり、一旦所有して利用した後に手放す、あるいは他の消費者から中古品を購入するといった「時点をずらした同一物の共有」の形でのシェアリングが進展している。生産者側も、モノの販売にあたって、事後にインターネットを通じたプログラムのアップデートを提供するなど、物理的なモノの販売という要素に、サービスの提供という要素を不可分に重ねたりするようになっている。このようにモノの「所有」の意味合いに変化が見られ、それに応じて所有する「欲望」の性質も変化してきてはいるが、その「欲望」がなくなってきているわけではない。そこに、経済停滞による節約志向の高まりが見てとれるとしても、欲望の減少が経済停滞を引き起こしているわけではないのだ。

また、モノを所有する以外に、行動や経験といった体感を求める傾向が強まってきており、その意味でも「欲望」はまだ尽きることがない。新たな技術やサービスによって、新たな生活スタイルの需要が創出されることも続いている。例えば、現在は、写真を撮りたいという気持ちが人々の中に各段に膨らんでいるように見える。デジタル化やSNSによる発信という新技術・サービスが創出した新たな「欲望」である。この流れによって、プロのカメラマンでなくとも、より簡単にきれいな写真が撮れるような技術がますます進んでいくだろう。

「価値」と「価格」のズレ

さらに考えるべきは、人間社会を取り巻く物やサービスにつけられる価格が、それらの価値を適切に反映しているかということである。経済社会の発展状況を見る際、多くは経済成長を指標とする。しかし、価格というものは、同一時点での他の商品との比較という横のバランスは形成しても、時点を超えた縦のバランスを形成するものではない。過去や未来の異なる商品を相互に比較して、選択して購入できるわけではないからである。

ここで言っているのは、物価の変動や利子の発生などによって引き起こされる去年の1ドルと今年の1ドルの価値の違いのことではない。10年前に38インチ型のテレビを購入するために支払った2000ドルと、現在49インチ型のテレビを購入するのに払う1000ドルの比較の話である。

情報は生物《なまもの》だという言い方をする。10年前に価値のあった技術や情報も、現在では陳腐化してその価値は失われるという。しかし、それは金銭的な「価格」のことを言っているだけであって、人間社会にとっての「価値」は多くの場合、失われてはいない。20年前に開発された頭痛薬は、その特許権が切れてジェネリック薬品が発売されたとしても、今でも変わらず、私たちの頭痛を鎮めてくれる。

そう考えれば、あくまで取引の「価格」の総和であるGDPの数字の成長のみが人間社会の発展の大きさの指標のごとく扱われ、それがゆえに、現在の低成長によって資本主義や自由主義経済への疑問が生じるとすれば残念なことである。ここで言うのは、福祉の充実とか心の豊かさといった話ではなく、単純に物質的な豊かさを測る上でも、「価格」やGDPは、少なくとも時点を超えた比較のツールとしては適切ではないのではないかということである。

消費者余剰の拡大

ここで、「消費者余剰」という概念に言及したい。これは、そもそもモノやサービスにつけられている価格が、消費者が払ってもよいと考えている価格より低く設定されていることを意味する。もちろん、消費者が払ってもよいと考えている価格より高く設定したのでは誰も買わないので、それと同等か低くなるのが通常であるにしても、その差が大きくなっているということである。つまり、私たちが世の中で提供されるモノやサービスを高く評価していても、価格がそれに比較してかなり低く抑えられているということである。

これは、情報や技術の陳腐化や生産者間の価格競争によってもたらされ、特に経済のデジタル化の進展がこれを拡大していると見られる。この状況は消費者としてはありがたいし、社会全体として望ましいことである。ただ、ＧＤＰにこの部分は反映されない。ＧＤＰはあくまで実際に設定・取引された価格の積み重ねだからである。たとえ人間社会の物質的な豊かさだけを考える場合でも、価格そのものよりも、その価格に消費者余剰を加えたところで評価すべきであろう。モノ・サービスがより安価に提供されるようになることも、資本主義社会がもたらしている豊かさなのである。

この消費者余剰は価格メカニズムの中に表れてこないため、数字として把握するのは困難であるが、ある日本のシンクタンクの推計では、16年の日本の消費者余剰は161兆円に上るという。(3) これは、16年度の日本のGDP537兆円の約3割に相当する規模であり、もはや誤差と言える範囲を超えている。また、この消費者余剰は年々増えてきていると想定される。同シンクタンクの推計では、日本のGDPと消費者余剰を合計した数値は、13年から16年にかけて年3・8%の成長を見せているという。同時期の日本の実質GDP成長率が平均年0・6%であったことを踏まえると、いかに消費者余剰の拡大が大きいかが理解できる。

さらに言えば、この消費者余剰を加えた数値さえも、人間社会の物質的な豊かさをすべて表しているわけではない。消費者余剰は、あくまで消費者がモノ・サービスに支払ってもよいと考える価格と実際の価格の差であるため、消費者が安価な価格に慣れてしまえば、支払ってもよいと考える価格も下がり、消費者余剰は減ることになる。その昔、ブラウン管テレビの時代や液晶テレビの初期のころは、1インチあたり100ドルというのが製品普及の目安とされていた。つまり、28インチテレビであれば、2800ドル程度の価格で販売することができれば、広く消費者に受け入れられて、売れていくという相場観があった。しかし、今現在そのような価格で買おうと思う消費者は皆無である。30インチ程度ならば、パーソナル用として300ドルもしない価格で売られている。これは、1インチあたりのテレビの「価値」が下がったわけではなく、「価格」が下がり続け、消費者の相場観も下がったということである。価格も、価格に消費者余剰を加えた数値も、ともに下がっているが、物質的には豊かになっているのである。

生産における情報の役割の拡大

現在の資本主義が終焉を迎えつつあるという主張の根拠のひとつとして、情報技術が経済に果たす役割が格段に大きくなっていることを挙げる立場がある。英国のジャーナリストであるポール・メイソンは、「私たちが生み出したテクノロジーは資本主義とは共存できない。それは、資本主義が今あるような形をしているからではなく、おそらくどんな形をしていても共存できないだろう。資本主義はもはや技術的変化に適応できなくなる。」と述べる。その上で、「情報材が、価格を正確に設定する市場の能力を弱めつつある。なぜなら、市場は商品の希少性を基にして価格を決めているのに対し、情報は潤沢にあるからだ。……今日の大きな矛盾は、豊富で無料の財や情報の可能性と、モノを個人の所有にし、不足させ、商品化しようとする独占企業、銀行、政府のシステムとの間に存在する。」と述べる。(4)

確かに、世の中における技術は目覚ましい進歩を見せており、それとともに情報材が生産に果たす役割はますます拡大している。そのことが、資本主義における価格形成を不透明にしているという指摘には一理あるし、このことは前述の「価値」と「価格」のズレにも関連するだろう。通常、市場が適切に機能していれば、モノの価格は下がっていき、限りなく生産コストに近くなっていく。しかし、情報や技術は、一旦生み出されてしまえば、それを追加で生産するコストは限りなくゼロに近い。極端な話、その情報を書き留める紙とペンがあればよいし、書き取ることが困難なものはUSBメモリーにコピーすればよい。つまり、その程度の価格にまで下がり得るということである。

従って、もし市場のなすがままに放置すれば、新しい技術の開発やアイディアの提示、芸術活動といった創造的活動は経済的に事実上全く評価されず、対価もほとんど得られないことになってしまう。結果、新しい情報や技術を生み出そうという活動自体が行われなくなり、人間社会の発展に強いブレーキをかけることとなる。そうしたことが起きないよう、技術開発や創造的活動の成果物に対して知的財産権を設け、社会が保護する必要があるのである。つまり、民主主義の枠組み・機能を通じて、情報材が資本主義の中で適切に評価されるようコントロールし、市場の価格設定機能の不完全さを補うのである。

しかし、このような情報材、つまり追加生産コストが限りなくゼロに近い要素が、モノやサービスを生み出す際に一層大きな役割を果たしていくことになれば、その価値を保護する政府の役割がますます大きくなっていくことになる。つまりそれは市場の「例外」であり、社会の中で資本主義に頼れない部分が広がっていくということだ。

仮に自国においてこのような保護の仕組みが確立されていても、他国では十分に保護されない場合もある。情報材の役割が拡大すれば、そのような国の企業との取引には一層慎重にならざるをえないし、取引をしなくとも、自国での権利保護の手続によって技術情報が公開されれば、そのような国に技術が流出してしまう。また、資本主義の中で情報材が適切に評価されるように保護するといっても、その価格設定まで行えるわけではない。したがって、一旦認めてしまえば権利者に独占的な立場を与えることになるため、慎重な審査と一定期間後の権利の解放が必要となろう。加えて、技術的変化のスピードもますます加速しており、矢継ぎ早に開発される新技術について、その権利保護のプロセスが追い付いていくことも難しくなってくる。ある技術を用いた製品を一旦世に出してしまえば、他社によるリバースエンジニアリングによってその技術情報はすぐに共有されることになるのだ。

このように、経済において重要度を増す情報材を十分に保護するには、現実的に多くの難しさがある。だからといって資本主義のメカニズムを放棄することはできない。価格メカニズム以外で、自発的な個人の欲望・欲求を他者のそれとつなげ、社会の発展に結び付けていく方法は見あたらない。あくまで市場の機能を原則としつつ、その機能を適切に補正することが必要なのであり、その補正機能を一層拡充することが求められているのだ。技術と資本主義の共存が一層困難にはなっているが、最終的には民主主義による判断を拠り所にし、最適な共存関係を追求していくべきなのである。

消費者が入手できる情報の広がり

このようなモノの生産における情報・技術の役割の拡大とは別に、世の中における情報の流通拡大が、生産物の消費の面において資本主義に及ぼす影響も否定できない。つまり前項で論じたことが、言わばサプライサイドで保有する情報の問題であったのに対し、ここで述べるのは消費者側が入手する情報が商品やサービスの購入の際に及ぼす影響である。

資本主義においては、価格が全てを調整する。商品の生産やサービスの提供に要する原材料や労働、技術、資本の大きさのほか、他の商品による代替の可能性など、生産者側の事情やおかれた状況と、その商品・サービスが世の中で誰にどれくらい必要とされているかという消費者側の事情が、すべてそこにつけられる「価格」によって調整されるのである。この価格調整機能によって、世の中で必要とされるものや社会の発展の方向性が見極められ、経済活動も行われていく。国家であれ誰であれ、この市場で決定される価格以上に的確に必要な情報を収集し、経済活動を運営していくことはできない。これが東西イデオロギー対立の結果として、示されたことである。

このような価格調整機能は、基本的には素晴らしい機能を発揮しているが、すべての取引が供給サイド・需要サイド双方に最高の満足をもたらしているかと言えば必ずしもそうではない。どうしても価格に反映されきれない情報があり、それが最適な資源配分を幾分歪めていることは否定できない。目の前で販売されている商品の価格を見ても、それが本当に適切なのか、つまり社会全体での需要・供給のバランスを正しく反映した価格であるかはよくわからない。品質の割に高い価格が設定されており、しばらくすればバーゲン・セールにかかるのかも知れないし、逆に、品質よりかなり安い価格が設定されていて、翌日には売り切れてしまうのかも知れない。また、社会全体の平均としてはそれが適切な価格であったとしても、購入する自分自身にとってそこまでの価値があるものなのかはわからない。

情報の流通が拡大した現在、価格以外の形で商品やサービスに関する情報を入手することが格段に容易になった。インターネットを通じて、商品の素材や性能などの仕様を細かく確認できるし、通常は購入後にしか見られない取扱説明書さえ読むことができる。そして何よりもそれを購入・利用した人の感想や意見のフィードバックを参照できる。そこでは、商品やサービスの品質のみでなく、それを生産した人、提供・販売する人についても、信頼に足るのかどうかということまで参照可能である。

このような形で、価格に凝縮されきらない情報を追加で入手し、それを消費行動に反映することができるようになっている。これにより、従来なら商品の「価格」を見て、何となく不安を覚えながら購入するか、あるいは後ろ髪を引かれながらも購入をあきらめるかの選択しかできなかった消費者が、より自信をもって購入するかしないかを決断できるようになっている。

価格の情報機能の相対化

この状況について、価格の有する機能の低下と捉える識者もいる。オックスフォード大学教授のビクター・マイヤー＝ショーンベルガーと作家のトーマス・ランジは、次のとおり述べる。

「データリッチ市場では、参加者は、主要な情報伝達手段として価格を利用しなくなる。……効率的に情報を伝達する手っ取り早い手段としての貨幣が不要になるなら、経済の中で貨幣が果たしてきた重要機能のひとつが消滅することになる。……かつては雑音だらけの海で、ひときわ目立つ道しるべのような存在だった価格が、数あるデータのひとつに降格するわけだ。……自ずと貨幣への依存度は低下し、以前のように貨幣の情報伝達機能まで含めた金額の支払いを渋るようになる。(5)」

確かに、価格の情報伝達機能は相対化されている。ただ、これまでもその情報伝達機能は完全ではなかった。たとえ、生産・消費にかかわる様々な情報が価格に反映されていたとしても、そこに反映された情報の中身をプライス・タグから読み取ることはできなかった。「価格の情報伝達機能まで含めた金額の支払い」とは、それが本当に適切な価格なのか、自分にとって本当に良いものなのか、よくわからないまま不安を抱えつつも購入するという行動にほかならなかった。商品やサービスに関する詳細な情報を別途入手することが可能になった現在、そのような状況は解消されてきており、それは市場経済にとって望ましいことである。

つまり、こうした状況は、貨幣経済の衰退を意味するものではない。むしろ、商品・サービスに関する情報が広く開示されることによって、価格はより敏感に市場の状況に反応し、適切でスムーズな調整を行うようになっているのだ。ショッピング・サイトで、購入者のフィードバックにおいて評価が悪ければ、売り上げが落ち、販売者は価格を下げねばならなくなる。逆に、飲食店を紹介評価するサイトで利用者からの評価が高く、星の数が増えれば、そのレストランはより高価なメニューの投入もできるようになる。つまり、様々な情報が以前にもまして迅速に価格に反映されるようになっているのである。これによって、価格はより信頼度の高いものとなってきており、貨幣経済が一層的確に機能するようになっているのである。

情報流通の適正化の必要

しかし、ここにおいても民主主義による更なる管理が求められている側面がある。流通する情報が経済活動に大きな影響を及ぼすということは、消費者にもその情報が正確で信頼に足るかどうかを見極める慎重さが求められるということであるが、その慎重さをもってしても誤解を生むような情報は、規制する必要がある。

これまでも商品やサービスを販売する際に、実物そのものを写真で示すことができない場合や、できたとしても十分にその商品の内容を表現できない場合には、「調理例」「イメージ」などと表示することを前提に、販売する商品そのものではない写真を掲載することはあった。カレーのルーを販売する際に、箱にチョコレートのようなカレールーのブロックの写真を載せても、お客さんには全く伝わらないし、旅行ツアーのチラシに訪問先の写真を掲載するにしても、実際の旅行で写真そのままの真っ青な空に輝くギリシャの白い街並みを見られる天候を保証することはできないからである。

同様の規制は、商品をショッピング・サイトなどで表示する際にも適用されるのであるが、購入者や利用者からのフィードバックについてもそれが虚偽でないかの監視と規制が当然必要となる。個人としての意見そのものの規制はできないが、一人の利用者が別人を装って多数の評価を書き込み、不当に自分の評価を経営に影響させる（良い方向か悪い方向かを問わず）ことは規制されねばならない。更には、対価を受けて多数の評価を書き込む業者の存在も適切に規制されるべきである。その意味で、こうした流通する情報の適正化においても民主主義の機能の拡充が求められている。

企業が集めた情報の利用への規制

購入者・利用者からのフィードバックは生産者・販売者側にも重要な情報をもたらしている。彼らからの評価に応じて、生産や広告を調整することができるからである。それは自発的なフィードバックだけでなく、購入の際に登録した個人情報やサイトの閲覧記録からも様々な情報が集められる。限られた商品やサービスを提供する企業には集まる情報も限られるが、情報ネットワークを用いて幅広い商品・サービスを取り扱うIT企業（プラットフォーマー）には、個人の生活や嗜好の全般に関する膨大な情報が集まり、これを用いた販売や広告を展開することが可能になる。

GAFAをはじめとするITプラットフォーマーの問題については、第二章2で述べたが、本人の意図しない形で個人情報が利用されることや、情報の極度の偏在による競争性の阻害が資本主義の機能を低下させることに監視の目を光らせる必要がある。

自由主義経済が適切に機能するためには、市場に参加する人たちの間で権限が分散されていることが必須である。それぞれの人が取引のプロセスにおいて、自由な意思で判断することで少しずつ市場に影響を与え、それが積み重なって市場が形成されていく。その自由意志の対話こそが市場経済を最適な形で動かす原動力である。形式的に自由な行動が認められていても、実質的にある企業の思うがままに行動するような状況であれば、それは「不自由」主義経済なのである。

もちろん、他者が有さない情報を得ることで、有利な調達をしたり、高い価格で販売したりと、商機を得ることがマーケットを動かす力にもなるため、ある程度の情報が偏在すること、それ自体が問題なわけではない。しかし、ＩＴプラットフォーマーの問題にみられるように、あまりに多くの情報を民間企業が独占的に収集することは、企業や顧客の囲い込みにつながり、その行動を実質的に縛る危険がある。こうした観点からも、資本主義が適切に機能するよう、民意に基づく管理が必要となる。

無料のモノ・サービスの増大

ここまで、自由主義経済・資本主義が人間のインセンティブを引き出して社会発展につなげる主要な手段であり続けていることを述べてきたが、その一方で、それのみが人間社会を発展させる力ではないことも事実である。

ウィキペディアをはじめとするネット空間から得られる多くの情報は、対価を求めずに提供されている。そこには、情報発信という個人的な欲求が、情報共有社会の形成に貢献している形が見られる。また、大規模な自然災害などの際に、人命救助や生活再建のためにボランティアで協力する人たちがいる。見ず知らずの子供の貧困を改善したいと、無償で子供食堂を運営する人たちがいる。オリンピックのような記念碑的大事業の実現に貢献したいとして、ボランティアスタッフに応募する人も多い。

このように経済的な対価を動機とせず、社会的な正義の実現や自らの自己実現を目的として行われる活動が、社会の発展に貢献している。これらは資本主義の外で行われていることであるが、その役割を軽視するつもりはない。今後は、このような資本主義の外で自発的に行われる行為が及ぼす外部経済と、グローバリゼーションによる格差、環境への負荷、発展の不均衡などの資本主義の外部不経済を、バランスをとりながらマッチングさせていくことも、民主主義の重要な役割になっていくだろう。

資本主義の管理

このように資本主義は人間社会を発展させる重要なツールであり続けている。さまざまな課題はあるが、経済社会を発展させるそれ以外の方法は見あたらない。その意味で、今後も資本主義のメカニズムを基本にすえつつ、人々の「自由」が平等かつ安定的に実現されるよう民主的な管理を行っていくべきであり、その重要性がますます大きくなっているのである。それは、公平とはいえない格差の是正であり、自然環境に対する負荷の最小化であり、人の安全や良好な衛生状態の確保である。そして、情報・技術が適切に利用・評価され、価格メカニズムが適切に機能するように、市場の失敗を補正することである。

民主主義機構が国境の中にあることで、国境を越えた形で格差の是正を行うことが困難であることはすでに述べたが、国境の中でできることもまだまだある。実際、ヨーロッパでも米国でも国内における弱者支援を求める声が広がりをみせている。高額所得者に対する適切な課税はその第一歩であろう。パナマ文書やパラダイス文書に関する世界的報道によって、タックスヘイブンの問題は大きく注目された。

特に、高額所得者の所得の多くの部分を占めると見られる資本収益に対する課税を抜本的に見直す必要がある。年収１００億円超の超高額所得者が所得の16・7％しか税金を納めていない（日本の17年の数字）という実態は、ゆゆしき事態と言わざるをえない。このような超高額所得者に対する課税をそのままに、付加価値税やその他の資産課税を引き上げるのは民意の理解が得られるものではない。たとえ保有資産への課税であったとしても、源泉徴収された給与をこつこつと貯めたサラリーマンの資産と、税が軽減された資本収益で築いた投資家の資産を、同様の課税対象とすることには大きな疑問がある（技術的な難しさも指摘されるが、日本におけるマイナンバー制度の導入が、保有資産への課税ではなく資本収益への適切な課税に活用されることを期待したい）。

社会保障制度の充実が課題となる国もあろう。米国では、20年11月の大統領選挙に向けて、医療保険制度のあり方が一つの大きな争点になっている。オバマ大統領の時代に、国民皆保険をめざし、民間の保険会社も活用したオバマケアが導入され、保険加入者が大きく増えた。トランプ大統領によるオバマケア改廃の公約が事実上とん挫し、一部を除いてこの制度は残っているが、一歩進んで民間の保険会社に頼らずに公的保険を国民全体に広げることが、民主党を中心に議論されている。米国において、コロナウイルスによる感染拡大で多数の弱者が犠牲になったことが、この議論を加速させる可能性もある。

資本主義というものは、不安定なものである。バランスを求めるアンバランスがあってこそ、初めて動いていく。それこそが、人間社会を発展させていく原動力になっている。技術革新も、乗り越えるべき課題があってこそ生み出されるし、その技術革新によって世の中が前進する一方で、社会構造の調整という不安定が生じざるを得ない。長期のアンバランスと一瞬のバランス、それが延々と繰り返されるのである。資本主義の大海原を泳ぎ続けるのは容易ではない。必死に水をかき、たまに頭を上げて息継ぎをする。そしてまた水中で必死に水をかく。沈まないように前に進むためには、それしかない。しかし時として波が大きすぎたり、危険な岩場が隠れていたりする。そういった危険を取り除き、平等で安定した環境を整えるために、監視員たる民主主義がしっかりコントロールする必要がある。

2 ポピュリズムの功罪

「民主」を内側から脅かすもの

民主主義との関連で警戒しなければならないのは、いわゆる「ポピュリズム」の高まりである。本書では、ポピュリズムという言葉が持つ多義性ゆえ、誤解を避けるためにも、なるべくこの言葉を使わないようにしてきたが、近年の欧米各国の政治状況について「ポピュリズムの高まり」という表現が広く用いられている。

ポピュリズムという言葉は、使う人によって様々な意味・ニュアンスで用いられており、統一的な説明が難しいことから、この言葉を使って主張されている内容全体について誤解を受けることにもつながっていると思われる。少なくとも近年は、「ポピュリズム」という言葉が否定的な意味で用いられる傾向がある。もしそれが、文字通り「人民の考え方や立場に寄り添って考える姿勢」ということであれば、一向に批判されるべきものではないが、そこに否定的な含意を加えてとらえられているのである。

エスタブリッシュメントの拒否

政治学者のカス・ミュデとクリストバル・ロビラ・カルトワッセルは、ポピュリズムの多義性に言及した上で、「ポピュリズムを定義づける特質について学者の間で見解がまとまらなくてもなお、あらゆるかたちのポピュリズムが『人民』の心に訴え、『エリート』を糾弾する類のことを何かしら含むという点では、全体的に意見が一致している。したがって、ポピュリズムには必ずエスタブリッシュメントへの批判と庶民への阿諛が含まれている。」と述べている。(6)

もともと、政治用語として用いられるポピュリズム、ポピュリストという言葉の語源は19世紀末の米国にさかのぼる。(7) 南北戦争後の米国の経済発展の中で格差が拡大し、労働者や農民の困窮が深刻になっていた1892年に、人々の不満を掬い上げる形で、共和・民主の二大政党に対抗してつくられたのが人民党であった。人民党（People's Party）が、別名でポピュリスト党（Populist Party）とも呼ばれたのが、その語源とされる。ただし、「人民党」がポピュリストという言葉のルーツであるとしても、人民党が現在ポピュリストと呼ばれる存在と同質であるかについては異論もある。政治学者のヤン＝ヴェルナー・ミュラーは、ポピュリストはエリートに対抗して、自分たちだけが人民を代表すると主張し、逆に自分を支持しない人々は真の人民ではないとして排除する姿勢をとるのが最大の特徴だと捉える。そして人民党はこのような反多元主義的な姿勢をとってはいなかったため、ポピュリストではないとする。(8)

ただし、政権をになうエスタブリッシュメントが自分たちの境遇を理解せず、政策にその意思を反映させていないという不満の高まりは、背景状況として、現在の欧米のおかれた状況と類似している。

「一般意思」の曲解

民主主義においては、統治される側の人々の意思に基づいて統治が行われねばならない。しかし、統治される側の人々は、何かを判断する際に、必ずしも専門的知識があるわけではないし、往々にして自らに都合の良い「特殊意思」に基づいて行動しがちである。そこで、選挙により代表者たる議員を選び、その議員が官僚や専門家の知見と提案を踏まえて、国全体の未来を見据えた「一般意思」を形成する。それは時として、個々の国民にとっては不本意な場合もある。しかし重要なのは国全体に広がる様々な立場の人々の間の公平を踏まえる全体的視点と、将来もたらされる状況を見据える長期的視点であり、これらを踏まえた「一般意思」が、短期的・個別的な「特殊意思」に優先すべきなのである。

ポピュリズムが批判される理由のひとつには、それが、こうした「一般意思」の形成を放棄した政治姿勢をとることが多いからであろう。長引く経済停滞と格差拡大に不満を募らせる人が増え、自らの状況の改善を強く求めるようになる。そのこと自体は何ら非難されるべきことではない。しかし政治家は、全体的・長期的視点をもって、その問題解決にあたらねばならないのだ。人々の不満をそのまま「上」（既存のエスタブリッシュメント）や「外」（移民、ＥＵなど）にぶつける姿勢を見せて人々の歓心を買っても、それで本質的な解決が見いだせるわけではない。そうした姿勢は、理性より感情、長期より短期、全体より個別、融和より敵対を強調しているにすぎない。

民主主義が実質的に機能するためには、政治家は自らへの支持を集めるために大衆の短絡的な主張や盲目的な暴走に迎合すべきではない。そうすることで簡単に支持を集められるかもしれないが、その誘惑に負けてはいけない。専門的知見もふまえた全体的・長期的視点から議会での討議を行い、これによって一般意思を形成していくことが民主主義の根幹である。それを放棄して「特殊意志」に迎合するポピュリズムの姿勢が政治家の間に広がることは、（仮に民主制の「形式」は維持されていたとしても、）実質的な民主主義の危機につながるのである。

これに対するポピュリスト側の反論はこうであろう。人民の一般意思を反映させていないのは現在の政権であり、エスタブリッシュメントである。我々はあなた方エリートを信頼して政権をまかせてきたが、だまされていたことがわかった。結局は人々の一般意思など顧みず、自らの権力と利益の確保を第一に行動しているだけではないか。ポピュリスト達は、このようにエリートを批判し、自分たちこそが人民を代表していると主張する。

反多元主義的性格

ミュラーは次のとおり述べる。

「ポピュリズムとは、ある特定の政治の道徳主義的な想像であり、道徳的に純粋で完全に統一された人民――しかしわたしはそれを究極的には擬制的なものと論じるが――と、腐敗しているか、何らかのかたちで道徳的に劣っているとされたエリートとを対置するように政治世界を認識する方法である……（ポピュリストは）反エリート主義者であることに加えて、つねに反多元主義者である。つまり、ポピュリストは、自分たちが、それも自分たちだけが、人民を代表すると主張するのである。……ポピュリストの核心的な主張は、ポピュリスト政党を実際に支持しない者は誰であれ、最初から人民にふさわしい一員ではないということを含意する」(9)

このようにポピュリストの反多元主義者という側面を強調することは、必然的に、ポピュリストの範囲を限定的にとらえることとなる(例えば、米国民主党のバーニー・サンダースはポピュリストから外れる)が、ポピュリストやポピュリズムを危険なものとする思考とは親和性が高い。なぜなら、価値の多元性・多様性を認めることは民主主義の大前提であり、これを否定することは民主主義を危機に陥れることになるからだ。

なお、ポピュリストをより広くとらえる立場では、反多元主義者だけでなく、社会を構成するグループを分断した政治的主張を展開する政治姿勢を広くポピュリストに含めて考える。ハーバード大学教授のダニ・ロドリックは、次のとおり述べる。

「二つの異なる種類の政治的分断がその溝を深めている。国籍や民族、宗教を軸としたアイデンティティによる分断と社会階級を軸とした所得による分断だ。ポピュリストはいずれかの分断を利用することで人気を集めているのだ。トランプなどの右派ポピュリストはアイデンティティの政治を繰り広げている。バーニー・サンダースなど左派のポピュリストは富裕層と貧困層との間の分断を重視している。[10]」

ポピュリズムやポピュリストの範囲をいかに捉えるべきかについて、必ずしも結論を出す必要はないであろう。問題は、そのような全体的・長期的視点を軽視する政治的傾向が強まってきているということである。

リーマンショック以降の世界的経済停滞の中、一向に生活が改善しない状況に加え、大量の難民・移民が流入したことで、人々は生活が脅かされた上に、アイデンティティの危機も感じている。また、パナマ文書やパラダイス文書の報道でエスタブリッシュメントが不正な蓄財をしているという印象も強まっている。政権側も、経済浮揚のための有効な対策がとれず、その対策の難しさについても国民の理解を得られずにいる（かと言って、ポピュリストが政権を担っても有効な対策はとれないのであるが）。このような中で高まった不信感が、安易に敵・味方を色分けするポピュリズムにつながっているといえよう。

野党としての一定の機能

「一般意思」の形成を放棄するようなポピュリストであっても、政策が形成される過程において一定の「前向きな役割」を果たすこともある。それは彼らが政権をとらない限りにおいてではあるが、野党として、十分に顧みられていない階層やグループの声を政策に反映させるという効果は有する。エスタブリッシュメントの政権が、長期的な経済浮揚と失業率低下を目指して経済運営をしていたとしても、現実としてその効果が表れるまでは待てない、待ちきれないという失業者の声にも耳を傾けさせる必要はある。

例えば、フランスのマクロン大統領は、親EUの国際派でありながら、既成政党の社会党を飛び出して立候補した脱エスタブリッシュメントであったが、今や完全にエスタブリッシュメント側としてとらえられている。法人税減税やキャピタルゲイン課税減税によって企業活動や投資を活発にし、経済全体を浮揚させる効果を狙う政策は、失業者から見れば、富裕層を優遇しているだけに映り、とても失業率が改善するまで待つ気になれない。企業の解雇要件の緩和についても、解雇しやすくすることで新規雇用の促進を狙っているにもかかわらず、企業優遇としか映らない。18年11月の燃料税引き上げの発表が、こうした不満に火をつけることとなった。これが長期にわたる反政府デモや大統領の支持率低下につながるとともに、マリーヌ・ルペンの国民連合（RN）（旧国民戦線）の伸長をもたらしている。このように、長期的・全体的視点からの取組がなされていても、国民のおかれた現状がその限界を超えている場合には、一時的な緩和措置によってバランスをとる必要が生じる（マクロン大統領は、19年4月に50億ユーロ規模の所得減税を発表した)。そうした国民の窮状を、ポピュリストが政権に気づかせるという場合もある。

この関連で言えば、「ポピュリズム」という言葉が、特定の政治的主張に安易にラベリングされることにも注意が必要である。例えば、移民制限、EU・ユーロ圏からの離脱、最低所得保障といった主張をポピュリズムと呼ぶ場合である。言うまでもなく、これらの主張自体はそれなりの根拠を持っている場合もある。短絡的な大衆迎合ではなく、国の未来を見据えた信念としてこれらの主張を行う場合も十分にありうる。それにもかかわらず、これらの主張を機械的にポピュリズムと呼ぶことで低い位置に置き、内容を汲まずに軽視することは、また別の意味で民主主義の危機である。

政権を担うバランス感覚は欠如

ポピュリストが野党として一定の役割を果たすとしても、実際に政権をとった場合には、逆に多くの問題が生じうる。そもそも長期的・全体的な視点を欠くポピュリストは、いざ政権を担うとなると様々な現実的障壁にぶつかり、それまで自らが掲げてきた政策の実現が難しいことに気づくのだ。

15年1月にギリシャで成立したツィプラス政権は、公約に反緊縮政策を掲げ、EUからの緊縮政策要求に真っ向から反抗していたが、次第に、EUやIMFからの支援なくして経済を立て直すことがいかに困難であるかを悟り、結局は緊縮財政をとることとなった。その結果、財政収支は改善、18年8月にはEUやIMFからの金融支援を卒業するにいたったが、ツィプラス政権は国民からの支持を失い19年7月の総選挙で政権を追われる結果となった。今やギリシャでは国民の82%が「選挙では何も変わらない」と考えているという調査結果も出ている。[11] ポピュリズム的な無責任な公約が民意を惑わせ、民意に基づく政権の成立という民主の価値を損なった例であると言えよう。

18年6月にイタリアにおいて反EUを共通項に成立した「五つ星運動」「同盟」の連立ポピュリスト政権も、19年8月には政権崩壊に至った。親EUのマッタレッラ大統領の働きかけによりそもそも反EU色は抑制されていたが、弱者対策推進のためにEUの財政規律と衝突せざるをえなかった。また、反EU色を抑制したことが、かえって南部に支持基盤を置く「五つ星運動」と北部に基盤を置く「同盟」の間の不協和音を招くこととなったのである。[12]

リベラリズムを侵す危険

ポピュリスト政権に対して継続的に民意の後押しがあったとしても、それが数の論理によって少数者の権利を不当に制限することにつながるおそれもある。つまり、ポピュリズムは「一般意思」の形成を軽んじることによって民主的な価値を損ねるのみでなく、人権尊重、自由主義まで侵していく危険があるのである。

政治学者水島治郎は、ポピュリズムは民主主義の発展を促すことがある一方で、これを阻害する面も持つとして、次の三点を挙げている。

「第一に、ポピュリズムは、『人民』の意思を重視する一方、権力分立、抑制と均衡といった立憲主義の原則を軽視する傾向がある。立憲主義において重要な手続や制度は、人民の意思の実現を阻害するものとして批判される。……第二に、ポピュリズムには敵と味方を峻別する発想が強いことから、政治的な対立や紛争が急進化する危険がある。……第三に、ポピュリズムは人民の意思の発露、特に投票によって一挙に決することを重視するあまり、政党や議会といった団体・制度や、司法機関などの非政治的機関の権限を制約し、『良き統治』を妨げる危険がある。(13)」

前出の政治学者ミュデも、ポピュリズムは民主主義に役立つこともあるが、特にリベラリズムを害するとする。

「本質的にポピュリズムは、デモクラシーと対立するものではなく、それよりむしろリベラル・デモクラシーと相性が悪い。ポピュリズムは、極端な多数派支配を擁護し、ある種の非リベラルなデモクラシーを支持するような一連の理念なのである。ポピュリズムは人民主権と多数派支配を強固に擁護するが、少数派の権利や多元主義には反対する。……彼らはリベラル・デモクラシーの体制の『結果』の悪さをやり玉に挙げ、この問題を解決するために、リベラル・デモクラシーの『方法』の修正を求めて運動を起こすのである。……法の支配と基本的人権の保護を扱う機関（たとえば選挙裁判所や憲法裁判所、最高裁判所など）によって、人民の正当な力を行使する能力範囲が制約されているだけでなく、政治制度に対する不満の増大を誘発している、とポピュリストは訴える傾向がある。」[14]

ミュデは、このような傾向について、「ポピュリズムは、非民主的な自由主義に対する非リベラルな民主的反応となる」と述べている。[15]

実際のところ、第五章1で見たように、ハンガリーやポーランドにおいて司法の独立やメディアの自由が阻害されている実態が想起される。民主的に選ばれた政権が、リベラル民主主義の基礎を壊しているのである。

民主主義は自由主義に優先するものではない。あくまで「自由」が原則であり、その自由をすべての人に平等に保障するために、民主主義がそれぞれの人の自由に対する最低限の制約を課すのである。国民の支持によって政権を獲得したとしても、不当に人々の自由を制限することはあってはならないし、それを防ぐための法の支配や権力分立による抑制と均衡を、なきものにすることは許されない。

リベラル民主主義の機能不全

米国の調査会社ピュー・リサーチ・センターが18年春に米国内で行った調査において、人権の尊重、権力分立、メディアの不偏不党などリベラル民主主義の求める価値について、その重要性の認識を問うたところ、すべての項目について約90％の人が「重要」と答えており、「自由」や「民主」の価値への揺らぎは見られていない。[16] しかしながら、同時期に世界27か国を対象に民主主義が自国にて機能しているかという認識を調査したところでは、米国の58％、ヨーロッパの52％の人が、民主主義が十分に機能していないと回答している。また、フランスを除くすべての国で、前年よりこの割合が増加しているか又は有為な変化がないという（フランスにおいては、この間にマクロン大統領が選出されており、反エスタブリッシュメントの民意が政治に反映されつつあると捉えられていた可能性がある）[17]。

これがポピュリズムを高めた原因なのか、もしくはポピュリズムが高まった結果として生じた危機意識なのかは明らかではないが、民主主義の機能不全が実感されている現状が見て取れる。

ロシアや中国が、民主主義国において、自らの政権に都合のよい候補が選出されるように、虚偽の情報を流したり、資金提供を行ったりしていることが確認されており、これが歪んだ民主的判断を引き起こすおそれがある。それに比べて、ポピュリズムは情報を歪めない（ただし人々に耳障りなことは言わない）としても、人々の短絡的な判断や主張をそのまま肯定し、「そうだ、そうだ、あいつらが悪いんだ」とささやき、本来あるべき民主的判断を誤らせるのである。

「自由」や「民主」の価値の重要性は人々の間で揺らいでないものの、実質的な意味合いにおける民主制の機能の維持が危険にさらされている。その危険は、外にある非民主的な国からの挑戦のみならず、中にあるポピュリズムからの誘惑によっても引き起こされているのだ。

3 世界は一つに

社会の範囲をどう考えるか

ここまでに見たように、国際社会でますます共有されることになったリベラルな価値は、引き続き人間社会の発展のための貴重な灯であり続けており、これからもこの価値を守っていかなければならない。今課題となっているのは、誤解や過信によりリベラルな秩序の運用が機能不全に陥らないようにすることである。「自由」の価値にもとづく経済のグローバル化が、必ずしもうまくいっていないという主張が強まってきているが、それは自由主義経済を適切に調整する必要があるということであり、「自由」という価値に疑問が生じているわけではない。「民主」についても、国境の外に民主主義の範囲を広げることへの抵抗感が根強いことや、各国内において民意を短絡的に政治に反映させるポピュリズムが台頭していることなど憂慮される状況にはあるが、人々の意思によって政治を動かすべしという「民主」の考え方にはいささかも疑問は生じていない。

かつて、個人の自由を原則とする自由主義と、社会における調和を原則とする社会主義・共産主義が優劣を競い、その結果、経済社会の発展には自由主義がより大きく貢献することが示された。今では、格差問題をはじめとする経済面での不具合を理由に、新たなパラダイムの誕生を待つ声もある。しかしながら、この世の中の政治経済制度は、つまるところ、個人と社会の関係をどう位置づけるかということにかかっている。個人を原則とするのか、社会を原則とするのか、それ以外の核は存在しえない。

もし仮に、東西のイデオロギー対立の結果、経済社会の長期的発展のためには人権を制約した社会主義・共産主義の方が望ましいと判明していたら、どうであったろう。人類は非常に大きなジレンマに苦しんだにちがいない。それぞれの個人が充実した幸せな人生を追求することの価値を認めつつも、それが長期的には人類全体の発展の停滞を招くという結論に至ったとしたら、個人と社会、どちらを原則としたらよいかの判断がつかず、文字通り、人類社会は迷走を極めたにちがいない。

しかし、現実には、人間が個人として尊重される自由主義社会が、基本的には、同時に長期的な経済社会の発展に貢献することが明らかになっている。ゆえにこの世界において、個人を原則として世の中の仕組みを築いていくべきことに疑問の余地はない。その上で、個人の自由をどのように公平・公正に実現していくのか、そのために「どういう範囲で社会を構成していくべきなのか」が問われている。

社会と個人の関係

自由主義経済、資本主義は、総体としては人間社会の発展につながっているのは間違いないとしても、個別に見れば、世の中に「勝ち組」と「負け組」を作り出してしまうことが明らかになっている。「勝ち組」の人たちが社会に貢献しているのは確かであろうが、「負け組」の人たちが社会に貢献していないということではない。個人の能力や性格、おかれた環境や時代の要請、タイミングなど、多くは本人の努力で変えることができない事情や運によって、必要性が低いと判断されてしまうのである。「勝ち組」「負け組」は、国境を越えた形で生まれることもあれば、国境の中で生まれる場合もある。「負け組」に入ってしまった人たちに、社会が十分な「優しさ」をかけることが必要であり、そのために適切な社会の範囲と役割を構成していかなければならない。

ノーベル賞を受賞した経済学者F・A・ハイエクは次のとおり述べている。

「連邦内においてはさまざまな諸国間で諸条件に非常な多様性があることはさけがたいが、

……他の地域における生活水準の維持のために連邦内の一地域の発達を遅らせることは、これと同様のことを一つの民族国家のなかでおこなうのよりもはるかに困難であろう。……民族国家においては、人びとのもつ相対的な均質性、共通の信念と理想、共通の伝統の総体が、これらの諸問題の困難さを少なくしている。事実、現存する主権民族国家の多くは、国家介入の大きさについて同意の成立が可能であるような規模と構成を持つのである。……計画、あるいは経済活動にたいする中央指令は、共通の理想と、共通の価値の存在を前提とするものである。そして計画を実行できる程度は、このような価値の共通の尺度についての合意が獲得されうる範囲、あるいはこれが強制されうる度合によって制約される。[18]」

ハイエクは、基本的には国家であれ、国家を超えた連邦であれ、中央が個人の自由を制限することは最低限に限られるべきであると主張しており、特に主権民族国家を超えた連邦においては、均質性や信念、理想、伝統といったものの共有が限られるため、中央による介入は限定されざるを得ないとしている。しかしながら、これまでに見た通り、自由主義経済のグローバリゼーションは人類社会の発展への貢献と同時に、格差をはじめとする歪みを大きな形でもたらしており、「介入」を広げることが必要となっているのである。その介入は民主的な意思決定によって行われなければならず、したがってそれが可能となるような民意が前提となる。

つまり、自由主義経済がこれからも人間社会全体の発展につながっていくようにするためには、それを個別の民族国家内に抑えこまないような設計と運用が必要であるし、また、自由主義経済を国境を越えた形で展開するには、ハイエクの言う「共通の理想」、「共通の価値」を国境を越えて広げることにより、「介入」に対する民意の同意を得られるようにすることが必要なのである。近年では極端な格差の拡大により、単一の民族国家の中でさえ、民主主義による十分な修正が行えない状況にある。そのような状況において、自由主義経済を国境を越えてどこまで、どのような形で広げていくことができるかは、理想や価値を共有できる共同体意識の広がりと、それを基礎とする民主主義による統治の可能性を踏まえて考えなければならない。

自由主義経済は、政府が押しとどめないかぎり、利益のあるところにつながっていくという逞しさがあるが、共同体意識を基礎とする民主主義はそれぞれの個人のアイデンティティによって制約され、簡単に広がることはできない。この両者をいかにバランスすれば、人が個人として尊重され、その自由を平等に謳歌できるような社会をつくることができるのかが問われているのである。

ウェストファリアからの進化

これまで世界の秩序形成に重要な役割を担ってきた主権国家の概念、すなわちウェストファリアの理念は、世界における新たな現実の中で、新たな段階に進むことができるかが問われている。国際秩序は、「力」の勢力均衡から始まったが、「利益」の体系における自由の発露である自由主義経済によって強化され、さらに、そこに政治的自由と民主主義の「価値」の共有にもとづく秩序へと発展してきた。ところが、自由の価値については自由主義経済のグローバル化によって、「価値」の共有のみでなく、国境を越えた自由主義体制の一体化へと進んでいる。その一方で、民主の価値は、共有は進んできているものの、共有する価値に基づく制度の一体化、すなわち民主主義の制度が国境を越えてグローバル化することはできないでいる。「価値」の共有から、共通の「価値」に基づく制度の共有に進むためには、自由に基づく経済のグローバル化を追う形で、国境の枠を超えた民主主義の発展が必要なのである。現在の欧米世界における政治的混乱は、この問題をめぐる一進一退に集約される。

英国の外交官ロバート・クーパーは、以下のとおり述べている。

「イギリス、フランス、ドイツが、１０００年以上にわたる敵対関係にもかかわらず、もはや戦争を起こさないのは、「われわれ」自身を再定義したことが理由である。それとともに、同じ共同体に――ヨーロッパでも、EUでも、西側でもいいが――属しているという意識が定着していった。このように、状況拡大の究極の形とは、状況だけでなく、われわれ自身についての定義を拡大することなのである。それは、国内の利害を取り入れ、外国の人間へのよそ者意識を弱めることで実現したものだ。外交政策の立案に手を付ける前に、どういう世界に住みたいかということだけでなく、どういう「われわれ」になりたいのかを、自問しなければならない。その答えが幅広いものになればなるほど、「われわれ」が平和に暮らせる可能性は高くなる。[19][20]」

クーパーの言うような、「われわれ」の再定義、それもなるべく幅広い再定義が必要なのである。そしてそれはヨーロッパも含めてである。ヨーロッパにおいては、戦争を起こさないという、モデストな意味での共同体意識は醸成されてきたかもしれない。しかし、経済格差の是正のために北側にある国々が地中海沿岸諸国を長期的に（または恒常的に）支援するほどの共同体意識はあるだろうか。リベラル民主主義から強権的民主主義に姿を変えつつある東欧の国々との間の共同体意識はどうだろうか。「われわれ」にも色々なレベルがある。古くからの伝統と慣習、生活文化、宗教、人種などによって形成された「われわれ」の意識と、国家統治にかかる民主的プロセスの反復により定着していった国民国家のアイデンティティは、容易には融合・再編成されないであろう。ＥＵの拡大・深化が直面する困難は、そのことを如実に表している。

前出のドイツ社会学者ヴォルフガング・シュトレークは次のとおり述べている。

「民主主義が資本主義を矯正する力を回復するには、……拡大した資本主義市場に合わせて民主主義の規模を拡大させるというドン・キホーテ的な時代遅れのやり方を進めるのではなく、むしろ反対に、民主政府の規模に合わせて資本主義市場の規模を縮小する方向で事態を進めていくことである。資本主義を民主政府の圏内に収め、民主政府を消滅の危機から救うことは、いいかえれば資本主義の脱グローバル化を進めることである。[21]」

自国第一主義を掲げ、保護主義的政策を強力に進める大統領が支持を受けたり、あるいはＥＵからの離脱を過半数の国民が支持するような状況は、このような資本主義をコントロールするための民主主義の力を回復するための民意と受け止めることができる。ただし、民主的コントロールの及ぶ範囲を無視して自由主義経済を拡大していくことに問題があるのと同様に、民主主義の力を強化していくことを完全に放棄して「自由」を国境の中に限定することは諦観が過ぎる。

我々は変わっていくことができる。現在の困難を前に、国境に巨大な壁をそびえさせることですべての可能性を閉じることは、人類の未来の発展のために追求すべき目標ではない。むしろ、自由主義経済に必要なブレーキはかけつつも、民主主義の拡大に挑戦していかなければならない。それは、国内における矯正力の強化と、国境を越えた広域化の両面で取り組むべき課題である。

「われわれ」を広げる

とはいえ、時間をかければ、それで世界が一つに収斂していくと考えるのもまた夢物語であろう。社会心理学的に見れば、残念ながら、世界が一つの「われわれ」になることはあり得ないと言わざるをえない。人々が自らのアイデンティティを認識するためには、そのアイデンティティの外にいる「他者」が必要である。単純に言えば、「仲間」と認識するグループを持つためには、それとバランスするための「仲間ではない人」が必要なのである。

ブラウン大学准教授のジェフ・コルガンは以下のとおり述べている。

「アイデンティティの形成や集団の凝集力は、異なるとみなされている集団から自己を区別することで刺激される部分がある。肌や目の色のような、もって生まれた特徴による区別、あるいは、ツチ族とフツ族のように（植民地時代に人為的に分けられた）区別を基盤とするものもある。他者を特定することで、誰が仲間で、誰がそうでないかを区別する心理的ルールが育まれることで集団は結束する。[22]」

コルガンは、移民やブリュッセルのエリートを「他者」とすることで結束しようとするポピュリストの存在に警鐘をならす趣旨でこの文章を書いているが、このことは、同時に「われわれ」の範囲を広げることがいかに困難であるかを物語っている。

誤解のないようにしたいが、これは、「自由」や「民主」といったリベラルな価値の共有を世界全体に広げることができないと言っているわけではない。どのような宗教や文化を有していようと、この世に生まれた人が個人として尊重され、有意義な人生を送れるような、そんな社会が実現されることが根本的に重要であることは普遍的である。したがって、世界においていくつかの文明の間で「衝突」が起きることが不可避であると言っているわけではない。

しかし、リベラルな価値を十分に共有しない国が、自らの権威主義的支配を強化し、世界のリベラルな秩序を後退させようとするのであれば、それには明確に抵抗し、「改心」を求めていかなければならない。それはリベラルな価値を守るために必要なことであり、リベラルな世界の中における「自己」と「他者」の相対的関係とは別次元の、より前段階の課題である。

世界においてリベラルな価値の共有が一層進んだとしても、地球という限られた範囲の中において、「自己」と「他者」の相対的な区別は常に存在する。「自己」「われわれ」の中において安全や利益を確保し、価値を守っていこうとする民主的な単位は常に存在せざるをえない。もちろん、今後、地球が地球外生命とのコンタクトを果たし、「世界」が地球の範囲より広がることになれば、地球上のすべての人が「われわれ」として結束することも想像できる。1950年代、東西対立の中で、宇宙の開拓や地球外生命との接触をテーマとするSF映画が大量につくられ始めた。『月世界征服』『宇宙戦争』『禁断の惑星』『宇宙水爆戦』『空飛ぶ円盤地球を襲撃す』……これは技術の進歩による未来の空想ということに加えて、地球外に目を向けることで地球上での対立を乗り越えたいという人々の思いの表れであったのかもしれない。

現状において、世界が一つになることは難しいとしても、現在のように200あまりの主権国家が併存する中で、それぞれの国が「自国ファースト」の掛け声のもとで、自らの限られた国力や環境でグローバリゼーションの荒波を生き抜かねばならないと考えるべき理由はない。もしそうなら、グローバリゼーションを一層抑制していかなければならないだろう。しかし、もう少し互いの価値観や境遇に理解を示し、自らのアイデンティティを相対化していくことはできないだろうか。地球全体の置かれた状況に思いをいたし、それを自らの問題としてとらえることは無理であろうか。それによって、少しだけ主権国家の範囲を超えた共同体や共同体意識を築くことができるかもしれない。

先陣を切るEUが、どこまで共同体意識を広げていくことができるか。地球上の他のいかなる地域よりも同質性が高いとされるヨーロッパでさえ、北と南、西と東、大陸と島という異質な要素があり、どこまでそれらを包摂できるのか。それは大きな挑戦であり、世界にとっての試金石となっている。

たとえ、主権国家の地理的範囲が変わらずとも、国の行動を決定する民意が他国の人々との共同体意識を前提としたものになれば、民意にもとづくグローバル・ガバナンスに一歩近づくことになる。地球温暖化対策について、政府の声よりもNGOや17歳の少女の声が人々の心に強く響いてくるのは、そのようなグローバル意識の萌芽であろう。そのようにして、物理的な国境は変わらずとも、心理的な国境が低くなっていけば、「穏健なグローバリゼーション」を進めることも可能になるだろう。

それは、人間一人ひとりを中心とした「自由」と「民主」の価値を見失うことなく、両者の関係を慎重に見極めながらアクセルとブレーキを踏み分け、少しずつ「われわれ」を広げていくための努力を続けるということである。そのたゆまぬ努力が、今よりもより「自由」で、より「平等」な世界を、ゆっくりとつくっていくことになるのだと思う。

---

(1)ヴォルフガング・シュトレーク『時間かせぎの資本主義——いつまで危機を先送りできるか』(鈴木直訳)みすず書房2016(引用は朝日新聞によるインタビュー16・11・22での同氏発言)
(2)水野和夫『資本主義の終焉と歴史の危機』集英社新書2014
(3)野村総合研究所による推計(読売新聞19・10・9)
(4)ポール・メイソン『ポストキャピタリズム——資本主義以後の世界』(佐々とも訳)東洋経済新報社2017p9、11、18
(5)ビクター・マイヤー=ショーンベルガー/トーマス・ランジ『データ資本主義——ビッグデータがもたらす新しい経済』(斎藤栄一郎訳)NTT出版2019p159-160
(6)カス・ミュデ/クリストバル・ロビラ・カルトワッセル『ポピュリズム——デモクラシーの友と敵』(永井大輔・高山裕二訳)白水社2018p14
(7)なお、同時期にロシアで出現した「ナロードニキ主義Narodnichestvo」もポピュリズムと訳される。
(8)ヤン=ヴェルナー・ミュラー『ポピュリズムとは何か』(板橋拓己訳)岩波書店2017p25-26、p106-112
(9)同右p27
(10)ダニ・ロドリック『貿易戦争の政治経済学——資本主義を再構築する』(岩本正明訳)白水社2019p308
(11)Pew Research Center Spring2018 Global Attitude Survey

（12）その後、19年9月、17年まで連立政権の中心であった親ＥＵ派「民主党」と「五つ星連合」の連立政権が誕生。

（13）水島治郎『ポピュリズムとは何か――民主主義の敵か、改革の希望か』中公新書２０１６ｐ21-22

（14）ミュデ／カルトワッセル前掲書ｐ１４１-１４２

（15）同右ｐ１７３

（16）Pew Research Center "The Public, the Political System and American Democracy"（2018.4.26）
https://www.people-press.org/2018/04/26/the-public-the-political-system-and-american-democracy/

（17）Pew Research Center "Many Across the Globe Are Dissatisfied With How Democracy Is Working"（2019.4.29）（データは２０１８春の調査）
https://www.pewresearch.org/global/2019/04/29/many-across-the-globe-are-dissatisfied-with-how-democracy-is-working/

（18）Ｆ・Ａ・ハイエク『個人主義と経済秩序　ハイエク全集１-３』（西山千明・矢島鈞次監修、嘉治元郎・嘉治佐代訳）春秋社２００８ｐ３５２-３５４

（19）ロバート・クーパー『国家の崩壊――新リベラル帝国主義と世界秩序』（北沢格訳）日本経済新聞出版社２００８ｐ２０２

（20）ＥＵ事務局の幹部も務めたクーパーは、その後、出身国の英国自身がＥＵ離脱により「われわれ」を大きく再定義することになった状況に、戸惑っているかもしれない。

（21）ヴォルフガング・シュトレーク『資本主義はどう終わるのか』（村澤真保呂・信友建志訳）河出書房新社２０１７ｐ２７６

（22）ジェフ・コルガン「リベラリズムを脅かす『他者化』メカニズム」フォーリン・アフェアーズ・リポート２０１７№２

終 章

コロナにも中国にも負けない社会へ

FINAL CHAPTER

「民主」が「自由」を自由にしすぎた

あらゆる価値観は、それが同一のものの言い換えでない限り、相互に対立することがある。かつて厳然たる民主主義が、ナチズムやファシズムを生み自由を弾圧したように、「自由」と「民主」も常に平穏な結婚生活を送れるとは限らない。二連星のごとく、双方が絶妙な距離感を保ち、相互に牽制しつつ、尊重し続けなければならない。

現在は、「自由」が強くなりすぎている。言葉遊びではないが、「民主」が「自由」を自由にしすぎたのである。「自由」の自由放任である。

本書で幾度となく述べたとおり、「自由」と「民主」のどちらが大切かと言えば、それは「自由」である。しかし、その「自由」はすべての人に平等に保障されねばならない。そのために「民主」が機能するのである。しかしながら現在は、人々の平等な「自由」を担保するのに必要なことを「民主」が行えていないのだ。

新型コロナウイルスと「自由」と「民主」

2019年末から世界を襲った新型コロナウイルスの感染拡大は、「自由」が先導するグローバリゼーションのあり方を考え直す契機となった。すべての人の「自由」を守るために主権国家が果たす役割の大きさを、多くの人が再認識することとなった。

新型コロナウイルスによる感染は、グローバリゼーションの進展した世界ならではの急速な世界的拡大を見せた。このことは、グローバルな「自由」を放任してきたこの世界の脆さに気づかせ、「民主」によるコントロールを取り戻す重要性を改めて考えさせることになったのだ。

一方で、このような特異な状況に置かれると、これまで自分たちが進めてきた取組を「否定しすぎる」場合があることにも注意が必要である。何を見直すべきで、何を堅持すべきなのか、よく区別して考える必要がある。これをもって「自由」のグローバル化を封じるべしと結論づけるのはあまりに短絡的である。今回教訓として得られたことを踏まえ、そもそも見直すべきであったことを見直し、さらに今回のような危機に対応しうる民主的システムを備えたうえで、グローバリゼーションを慎重に推進する方向を追求すべきである。特異な状況に冷静さを失い、短期的・個別的・衝動的・感情的なポピュリズムに流されてはいけない。長期的・全体的視点をもって民主的な意思決定に参加しなければならない。

コロナの教訓を踏まえた世界へ

コロナによってもたらされた経済社会活動の極度の停滞は、格差社会を一層浮き彫りにした。コロナが格差を生み出したわけではない。そもそも経済的収入の多寡や社会的セーフティネットの有無といった格差が広がる中、ぎりぎりの生活を強いられていた人々の苦しさが、このコロナ禍で白日の下にさらされたのである。こうなる前に弱者支援の枠組みを強化しておくべきだったのであり、これは感染症拡大という「有事」限定の問題ではないのである。今回の教訓を得て、格差是正に向けた各国の取組が加速することを期待したい。

各国政府は、感染拡大への緊急の対応のため多大な財政支出を行っている。コロナの収束後には、積みあがった公的債務の削減にも取り組まねばならないが、一方で、弱者に対する公的支援拡大の必要性が強く認識されていることも忘れてはならない。民間企業においても、今後の同様の緊急事態に万全に備えるため、内部留保を一層積み上げようとするインセンティブが高まる可能性があるが、それにより、労働者の賃金の増額が進まないことが強く懸念される。

コロナは、世界的に広がったサプライチェーンの脆弱性を露わにした。これはグローバリゼーションによる相互依存の高まりと表裏一体であり、ある意味で不可避と言わざるをえない。感染症によるサプライチェーンの寸断が頻繁に起こるのであれば、その大幅な見直しも必要かもしれないが、その確率と世界経済・人間社会の発展に及ぼす負担とをよく比較して考えねばならない。心情的に中国経済との分断（デカップリング）が進む可能性はあるが、次の大型感染症も再び中国から発生するのだろうか。どの国にも発生源となる可能性があるのだとすれば、全世界の経済を分断しなければならなくなる。中国を含めた特定の国や地域に過度に依存している国や企業においては、その依存の度合いを相対化していく必要があるだろう。しかし、危機に対応できるそのようなメカニズムを備えた上で、全体としては過剰な抑制反応とならないよう思慮深い行動が望まれる。

コロナとの闘いにおいて、世界は人同士の接触を最小限にしながら社会を動かすことを余儀なくされた。その中で、実は「非接触型」の生活様式が時として有効であり、そもそもの我々のライフスタイルを良い方向に転換していく一つの提案を受けたようにも感じられたのではないだろうか。それは通勤に長い時間と多大な体力を消耗する生活からの転換を可能にするかもしれないし、都心への人口の集中を緩和し国土のバランスのとれた発展につながるかもしれない。身体が不自由で移動が困難な人が、より一層活躍できる社会を創ることができるかもしれない。

一方で、そういった生活様式を可能にするための安全で安定したネットワークが必要になる。それを可能にする技術が求められ、GAFA等のIT企業の役割が拡大するとともに、それらIT企業の社会秩序に及ぼす影響力がさらに強まるだろう。ITネットワークの公共性が一層高まることを見据えて、これにかかる適切な規制を含めて、民主的な秩序形成を進める必要がある。

「有事」にも強いリベラル民主主義へ

新型コロナウイルスとの闘いにおいて、中国ではいともたやすく強権的な封鎖措置がとられ、感染拡大が比較的早期に抑え込まれた。しかしそれは、非民主的な人権抑制国家が優れていることを意味するのではない。感染症の拡大を阻止するには、緊急避難的に人権抑制的な対応をとらざるをえないが、それは事前・事後の民主的統制に服させることで、民意を反映させることができる。すなわち、民主的に選ばれたリーダーが法に基づいてそれらの措置を決定すること、そして状況の収束後にその適否についてしっかりと検証が行われ、民意による判断を仰ぐことである。

今回のコロナとの闘いでは、感染拡大抑止のために感染者の行動態様を把握することが課題となった。それにより感染経路を把握し、同様の感染拡大を防ぐ手がかりにするとともに、その感染者と接触した可能性がある人への感染の有無の確認や、必要なケアと二次感染の防止に役立てることができる。感染者本人からの聞き取りがまず重要であるが、本人が必ずしも正確に記憶していなかったり、また記憶していても、それが「不用意な行動」だと自覚している場合には、口を閉ざす場合がある。

中国のような強権的な国においては、平常時から携帯電話の位置情報や顔認証システムにより、本人の意向にかかわらず、政府が個人の行動を把握できるようになっている。中国の政府・自治体は、今回のコロナ対策で、ためらいなく感染者の行動を調べ上げ、感染拡大抑止に活用したと見られる。一方で、韓国のような民主主義国においても、携帯電話の位置情報をもとに感染者の行動を追跡することが行われ、これが感染拡大を有効に抑制することに貢献したと見られている。

このような経験から、多くの国で政府・自治体や携帯電話会社が個人の行動を把握することについての社会的合意が一気に進む可能性がある。「有事」にこうした対応をとれる枠組みをあらかじめ民主的に整備しておくことが重要だが、プライバシーの権利を含む個人の

「自由」の制限の適否との関係で、新たに適切なバランスが求められる。携帯電話に搭載された近距離無線通信ブルートゥースの機能によって、個人や場所を特定しない形で、携帯電話同士が接近した記録を残し、必要に応じ通知するアプリの開発・利用も進んでいる。「自由より命が大切」というスローガンは有事においては非常に説得力があるが、その一言で個人の自由が過度に制限され「監視国家」のような状況を招かないよう、注意が必要である。「自由」と「民主」のバランスは、それぞれの国の文化や歴史的背景によっても異なってくる。今回のコロナ禍における外出抑制についても、強制的に禁止措置をとった国もあれば、自粛要請にとどめた国もある。必ずしも禁止措置をとった国の方が感染を抑え込めたということもない。それぞれにバランスのとり方があるのである。

新型コロナウイルスとの闘いは、主権国家の役割の重要性を再認識させることとなったが、それはあくまで「自由」の尊重と「民主」による裏付けがあってこそ、我々の幸福を守ることができる。「自由」と「民主」のバランスは、国によっても異なるし、また有事と平時では異なる必要があるが、それぞれの人が個人として尊重されるべしとするその価値そのものの重要性は変わらない。仮にも、コロナウイルスの猛威を受け、「自由」と「民主」の価値そのものを否定する方向に傾くとすれば、それは大きな誤りである。

新型コロナウイルスへの対応に限らず、現在の世界において、「自由」と「民主」という価値観を必ずしも共有しない中国が国力をつけてきている事実はある。しかし、以下に見るように、中国の台頭は、主権国家の併存という国際社会の現実の中で、他国を犠牲にすることで実現してきたものである。中国は自国内で人権抑圧を続けるのみでなく、各国のリベラルな秩序を逆手にとって他国を利用し、影響力を拡大してきたのだ。こうした姿勢は、中国国民を含めて、人類全体の幸福への道でないことは明らかである。

「内政不干渉」を濫用する中国

国家を単位として成り立つ「国際社会」の構造は、もともとヨーロッパで成立し、全世界に広がっていった。その過程において、すべての国家が平等な立場で参加する国際連盟や国際連合は、様々な文明圏が「国際社会」に参加する重要なステップであったが、その際に重要な役割を果たしたのが民族自決や内政不干渉の考え方であった。つまり、価値を共有するという、秩序の本質的要素をむしろ先送りしたことで、多様な文明を包摂することができたのである。

その後、世界では先送りしていた「自由」や「民主」の価値の共有に向けた取組が進み、多くの国において人権を尊重する民主的政治体制が実現してきたが、内政不干渉のコンセプトが今度は、このような価値共有の取組を阻むことにもなっている。例えば中国は、「内政不干渉」を逆手に、自由で民主的な考え方に基づく国際社会や各国の取組を押しとどめたり、逆にそうした価値を顧みない主体を支援するような動きを見せているのだ。

歴史的にはむしろ主権国家の併存などは認めていなかったような国が、逆に主権国家併存と内政不干渉の原則を伝家の宝刀のごとく振り回して、自らの行動を正当化するのは、皮肉なことである。国連安全保障理事会において、ある国における人権抑圧を非難する声明を採択しようとする際、多くの場合中国やロシアが拒否権をもってこれに抵抗するのは、その典型的な例である。

「利益」で「価値」を抑える中国

中国は、国際社会の一致した行動を阻害するのみならず、自らの外交活動においてリベラルな理念をないがしろにすることもある。その対象は、往々にして力の弱い中小国である。自由で民主的な政治制度が未成熟なそれらの国に対しては、リベラルな価値の育成を助けていくべきであり、時に人権尊重や民主主義に逆行する動きが出てきた場合には、それにブレーキをかける働きかけが必要である。しかしながら中国は、そのような時に自らの影響力拡大と経済的利益のため、専制的な統治を行う政治指導者を利するような支援を行うのである。(1) 冷戦時代には、東側において民主的勢力の弾圧のために「力」によってこれを封じ込めることが行われたが、現在は、急速に経済成長を遂げた中国がその圧倒的経済力を背景に、経済的「利益」を不適切な形で供与することで、リベラルな勢力をくじくような行動をとる。

こうした行動は、相手国が人権を尊重するか否か、民主的な政治体制にあるか否か、といった国内の政治状況を考慮しない、すなわち内政に介入しないという前提で行われる。つまり、形式としては、相手国に何ら圧力を加えず、その自由意志を尊重する形をとっているが、その実、本来的・長期的に相手国の国民のことを思っての行動ではない。専制的政治指導者を経済的に潤すことによって、国民が被る人権抑圧や非民主的政治体制がより長期にわたって続く可能性を増すことに何らのためらいも感じないのである。

中国による「一帯一路」構想(2)の推進やアジアインフラ投資銀行（ＡＩＩＢ）(3)の設立は、このような歪んだ影響力拡大のツールになっている。また、南シナ海では、周辺国に経済的利益をちらつかせることで、仲裁裁判の判断を「紙クズ」同様に扱うなど、国際社会における

法の支配をも捻じ曲げている。(4)

中国のシャープパワー

一方、大国との関係においては、自らに都合の良い政策を掲げる勢力が選挙で勝利するよう、特定の政治勢力に資金協力を行ったり、またその対抗勢力に不利な情報を流布したりと、民主的な選挙をゆがませる活動が行われている。リベラルな国家における情報の開放性を逆手に取り、民主的なリーダーの選出を阻害するものであり、文字通り、内政干渉にあたる。例えば、16年の米国大統領選挙に際し、トランプ大統領が選ばれるようにロシアが介入したことが明らかになっているが、中国もそれにならうかのように、18年の米国中間選挙において、米中貿易戦争におけるトランプ大統領の勢力をそぐため、与党共和党に不利なプロパガンダ活動を行った。

そのほか、中国は主要国の政治家個人に資金提供するなどして接近し、中国に都合のよい政治的判断・政治活動を行わせることもしている。オーストラリアでは複数の議員が16年以降中国の企業や個人から政治献金を受け、一部の議員は南シナ海問題で中国寄りの発言をしていたことが判明した。ニュージーランドでは17年、過去に中国軍の教育機関で通信傍受の訓練を受けた人物が、その経歴を隠して国会議員として活動していたことが明らかになった。

中国はそれ以外にも、中国語・中国文化の普及機関として世界全体に設置した500校以上の「孔子学院」、1000校以上の「孔子課堂」を通じてプロパガンダ活動を展開していると批判される。もちろん、リベラル民主主義の国も、英国のブリティッシュ・カウンシルやドイツのゲーテ・インスティチュート、日本の国際交流基金など、自国の文化・言語を広めるための施設・ネットワークを組織しており、そのこと自体が批判されるべきことではない。しかし、孔子学院、孔子課堂はその活動内容が多分に政治色を帯びているとの批判がある。18年2月に米国上院公聴会に出席したクリストファー・レイFBI長官は、孔子学院は中国に有利な中国観を吹き込むなどのプロパガンダ工作を行っているとし、孔子学院の活動を監視していると述べた。

このような活動は、近年「シャープパワー」と呼ばれ、魅力や説得力によって影響を与える「ソフトパワー」とは峻別されている。それは、隠密、歪み、攪乱、操作、浸透といったワードで特徴づけられるような影響力の行使と捉えられ、警戒感が高まっている。(5)

このように中国は、自由や民主主義が未成熟な国にはその成熟を阻害する行動をとる一方で、リベラルな価値が確立した国にはその「自由」と「民主」の機能を阻害する行動をとっていると見られる。リベラル民主主義の開放性を逆手にとり、他国の現状と将来を犠牲にしてでも、自らの国力を高め、自らに都合のよい世界秩序を築くことに注力していることが懸念される。

「内憂」と「外患」

新型コロナウイルスにかかる中国の対応を見ても、このような思考様式が垣間見える。中国でウイルスが確認された初期、中国はすべてを自国内で完結させ、何事もなかったかのようにやり過ごそうと考えたのかもしれない。厳しい情報統制を敷き、発生源となった武漢市を封鎖した。この時期に、国外に情報が漏れないようにする一方で、医療物資の確保に走ったとも報じられている。少しでも早くＷＨＯを通じて世界に警告を発し、各国の早めの対応を促すよりも、自らの体制維持と都合を優先したと批判されている。

そして中国は、自国における感染状況が収束に向かうと、各国への医療協力を申し出た。これが、コロナで依然苦しんでいる国々に対する純粋な善意によるものと信じたい。しかし中国は、同じ時期に尖閣諸島周辺において公船や軍用機による挑発行動を活発化させ、南シナ海においても中国が管轄するための行政区を設け強制的な現状変更を推し進めている。香港への締め付けを強化する国家安全法制の導入も決定した。このような行動を総合的に見れば、中国は、この世界的・全人類的危機を自らの影響力拡大に利用しようとしているのではないかと懸念される。

すべての国がこのような思考様式で行動したら世界はどうなるか、よく考えなければならない。中国の行っていることと、トランプ大統領のいう「自国第一主義」は同じではないかと思う人もいるかもしれない。しかし、それは全く違う。

誤解してはならない。米国を含むリベラル民主主義の国々が頭を悩ませているのは、「自由」と「民主」のバランスである。そのバランスのとり方は非常に難しいが、難しいからと言って、それらの価値を放棄すべしと言っているのではない。中国は、「自由」も「民主」も重視せず、そのリベラル民主主義の悩みにつけこんで、それを覆そうとしているのである。(6)

本書が主に扱ってきた内容は、いわばリベラル民主主義の「内憂」である。新型コロナウイルスとの闘いは、この「内憂」をさらに浮き彫りにすることになり、我々は更なる試練の前に立たされている。これに対して、中国の行動は「外患」であり、全く次元の異なるものである。「自由」と「民主」を掲げるリベラル民主主義国は、その外部からじわじわと浸透するこのような危険も十分に認識し、その攻勢に対抗していかねばならない。内輪もめをしている場合ではないのだ。「内憂」を解決し「外患」に毅然と立ち向かうために、我々の中の「自由」と「民主」のバランスを一日も早く回復せねばならない。

(1)例を挙げれば、タイにおける14年のクーデター、フィリピンのドゥテルテ政権(16年〜)による強硬な薬物対策、カンボジアのフン・セン政権(98年〜)の強権的行動、ミャンマーのスー・チー政権(15年〜)によるロヒンギャ問題への対応、ベネズエラのマドゥーロ大統領(13年〜)による人権抑圧と不公正選挙など、国際社会による批判が高まり、各国が関係の見直しに動く時、中国はそれこそ好機とばかりにこれらの国との関係を強化してきた。

(2)13年の習近平演説で提唱され、15年に具体的な形が示された構想。中国からヨーロッパまでのルートを中心に、世界各地の交易インフラを整備して相互の接続性を高めることを謳う。当初、伝統的シルクロードの復活というコンセプトから始まり、中国からヨーロッパへの陸路・海路の整備が中心であったが、その範囲は次第にアフリカ、大洋州、中南米と広がり、更には北極海も視野に入っている。

(3)アジアにおけるインフラ投資の促進のためとして15年12月に中国主導で設立された金融機関。日米が主導するアジア開発銀行(ADB)を「補完」するというのが中国の主張。アジア域外国の合計出資比率を20〜25%に抑えることとなっているため、たとえGDP世界第一位の米国が参加したとしても、必ず中国が出資比率第一位となり、最大の発言権を確保できる。

(4)中国は、南シナ海のほぼ全域に「九段線」と呼ぶ線を引き、自らの「歴史的権益」を主張。この主張の有効性を争ってフィリピンが国際仲裁裁判所に提訴したのに対し、16年7月同裁判所は、中国の主張に法的根拠は認められないと判断。国連海洋法条約上、仲裁判断は法的拘束力を有するが、習近平国家主席は即座にこれを「受け入れない」と否定し、外務次官が「仲裁判断は紙くず」と発言。その後周辺国に経済的利益をちらつかせながら、強硬に同海域への支配を進めている。

（5）米国のシンクタンク／NPOである「全米民主主義基金（NED）」は、17年12月の報告書で次のとおり述べ、注目を集めた。「中国やロシアが行おうとしている、メディア、文化、シンクタンク、学会を通じた影響力行使は、ソフトパワーに共通の『魅惑攻勢』でも『ハートやマインドの獲得』でもない。この強権的影響力は、根本的に、魅力でも、また説得でさえもなく、むしろ、攪乱と操作が中心である。……この現象には、新たなボキャブラリーが必要である。これまで我々が強権的な『ソフトパワー』として理解してきたものは、『シャープパワー』としてカテゴライズした方がよい。それは、対象の国々の政治・情報環境を、貫き、浸透し、穴をあけるのだ。新たに進行している、強権的国家と民主的国家の間の競争において、抑圧的体制によるシャープパワーの技術は、彼らの短剣の剣先と見るべきであり、または正に注射器と見るべきなのだ。」（National Endowment for Democracy "Sharp Power: Rising Authoritarian Influence" 2017.12）

（6）米国が18年夏以降、中国に対してとっている大幅な関税引上げによる貿易戦争やファーウェイなど中国の通信会社との契約制限等の措置だけを見れば、リベラルな政策とは言えないかもしれない。しかし、リベラルな世界に対する攻勢がリベラルでない手法で行われるのであれば、それに対する抵抗も、「比例の原則」に従ってリベラルでない手法をとらざるを得ないこともある。トランプ大統領自身は米側の貿易赤字削減を最重要視している様子も見られるが、米政府全体としては、中国共産主義体制の構造的な問題（中国による知的財産権の侵害、中国への技術移転の強制、補助金による中国企業の優遇等）と通信業界における中国企業の技術覇権確立による安全保障上の懸念の問題を重視していることが伺える。

おわりに

本書の執筆にあたっては、非常に多くの方にお世話になった。おひとりおひとりのお名前を挙げることができないのは残念であるが、このような広範な問題意識を抱くに至った背景には、職場の諸先輩方や同僚との議論、さらには学生時代の恩師にまでさかのぼる多くの方の助言があった。また、本書の書籍としての具体化にあたっては、学生時代の先輩や友人の助力と励ましを得るとともに、多くの出版関係の方々にお世話になった。特に時事通信出版局の永田一周様、沢田石登様にはひとかたならぬご支援をいただいた。永田様には、本書の内容から装丁にいたるまであらゆる面でご尽力いただき、表紙には私の制作したイラストまで採用していただいた。この場を借りて、すべての皆様に厚く御礼申し上げたい。

誰よりも、私が感謝しているのは、妻の佳子である。学生時代からの付き合いである佳子とは、常に二人三脚の人生を歩んできた。これまでの彼女の温かく厳しい叱咤激励がなければ、本書も現在の私もなかったであろう。心から、「ありがとう」と言いたい。

本書を、天国にいる私たちの最愛の息子、知（さとし）に捧げたい。小児がんで闘病していた知とは、一時退院の時などに一緒に東京の築地から銀座の街を散歩した思い出がある。本書を発行いただくこととなった時事通信社は、その時に一緒に見上げていたビルの中にある。このことは偶然とは思えない。

最後に、世界のどこであれ、病気や貧困、劣悪な生活環境などでつらい思いをしているすべての子供たちに、笑顔が訪れることを心から祈りたい。

2020年6月　コロナの「禍中」、目黒の公務員住宅にて

平松　武

主要参考文献

ボブ・ウッドワード『FEAR恐怖の男――トランプ政権の真実』（伏見威蕃訳）日本経済新聞出版社2018
兼原信克『戦略外交原論』日本経済新聞出版社2011
ヘンリー・A・キッシンジャー『回復された世界平和』（伊藤幸雄訳）原書房1976
ヘンリー・A・キッシンジャー『外交』（上・下）（岡崎久彦監訳）日本経済新聞出版社1996
ヘンリー・A・キッシンジャー『国際秩序』（伏見威蕃訳）日本経済新聞出版社2016
ロバート・クーパー『国家の崩壊――新リベラル帝国主義と世界秩序』（北沢格訳）日本経済新聞出版社2008
イワン・クラステフ『アフター・ヨーロッパ――ポピュリズムという妖怪にどう向きあうか』（庄司克宏監訳）岩波書店2018
高坂正堯『国際政治――恐怖と希望』中公新書1966
小原雅博『日本の国益』講談社現代新書2018
ヴォルフガング・シュトレーク『時間かせぎの資本主義――いつまで危機を先送りできるか』（鈴木直訳）みすず書房2016
ヴォルフガング・シュトレーク『資本主義はどう終わるのか』（村澤真保呂・信友建志訳）河出書房新社2017
庄司克宏『欧州の危機――Brexitショック』東洋経済新報社2016
庄司克宏『欧州ポピュリズム――EU分断は避けられるか』ちくま新書2018
世界不平等研究所『世界不平等レポート2018』（徳永優子・西村美由起訳）みすず書房2018
谷口将紀／水島治郎編著『ポピュリズムの本質――「政治的疎外」を克服できるか』中央公論新社2018
F・A・ハイエク『個人主義と経済秩序　ハイエク全集I・3』（西山千明・矢島鈞次監修、嘉治元郎・嘉治佐代訳）

春秋社２００８
トマ・ピケティ『21世紀の資本』（山形浩生・守岡桜・森本正史訳）みすず書房２０１４
フランシス・フクヤマ『歴史の終わり』（上・下）（渡部昇一訳）三笠書房１９９２
ヘドリー・ブル『国際社会論――アナーキカル・ソサイエティ』（臼杵英一訳）岩波書店２０００
細谷雄一『国際秩序――18世紀ヨーロッパから21世紀アジアへ』中公新書２０１２
細谷雄一『迷走するイギリス――ＥＵ離脱と欧州の危機』慶應義塾大学出版会２０１６
ビクター・マイヤー＝ショーンベルガー／トーマス・ランジ『データ資本主義――ビッグデータがもたらす新しい経済』（斎藤栄一郎訳）ＮＴＴ出版２０１９
ジャンドメニコ・マヨーネ『欧州統合は行きすぎたのか』（上・下）（庄司克宏監訳）岩波書店２０１７
水島治郎『ポピュリズムとは何か――民主主義の敵か、改革の希望か』中公新書２０１６
水野和夫『資本主義の終焉と歴史の危機』集英社新書２０１４
カス・ミュデ／クリストバル・ロビラ・カルトワッセル『ポピュリズム――デモクラシーの友と敵』（永井大輔・高山裕二訳）白水社２０１８
ヤン＝ヴェルナー・ミュラー『ポピュリズムとは何か』（板橋拓己訳）岩波書店２０１７
ポール・メイソン『ポストキャピタリズム――資本主義以後の世界』（佐々とも訳）東洋経済新報社２０１７
柳淳『外交入門――国際社会の作法と思考』時事通信社２０１４
デビッド・Ｓ・ランデス『「強国」論――富と覇権の世界史』（竹中平蔵訳）三笠書房２０００
ダニ・ロドリック『グローバリゼーション・パラドクス――世界経済の未来を決める三つの道』（柴山桂太・大川良文訳）白水社２０１４
ダニ・ロドリック『貿易戦争の政治経済学――資本主義を再構築する』（岩本正明訳）白水社２０１９

【著者紹介】

平松 武（ひらまつ たけし）

1990年一橋大学法学部卒、外務省入省。在フランス日本大使館広報文化センター次長、在コートジボワール日本大使館次席、外務省国際組織犯罪室長、海外邦人安全課長を務めたほか、中長期の政策企画、経済協力（ODA）、原子力外交などを担当。コートジボワール内戦やアルジェリア・テロ事件の際には邦人国外退避にも携わる。内閣官房で、行政改革推進本部内閣参事官を務めた後、内閣情報調査室内閣参事官（国際部門）として国際情勢分析を担当し、現在外務省大臣官房付。

「自由《じゆう》」が「民主《みんしゅ》」を喰《く》う
迷走《めいそう》するグローバリゼーションの深層《しんそう》

2020年8月25日　初版発行

著　者：平松 武
発行者：武部 隆
発行所：株式会社時事通信出版局
発　売：株式会社時事通信社
〒104-8178　東京都中央区銀座5-15-8
電話03(5565)2155　https://bookpub.jiji.com/

印刷／製本　株式会社太平印刷社

ISBN978-4-7887-1702-2　C0031 Printed in Japan